U0115083

國家圖書館
特藏珍品

乾隆御製稿本 西清硯譜

〔第二十三册—第二十四册〕

上海書畫出版社

第二十三冊

欽定西清硯譜目錄

此行低一格

○第二十三冊○

此行移上行冊字下空一格寫

附錄

以下皆低二格

欽定西清硯譜

紫金石太平有象硯正面圖
繪圖十分之七

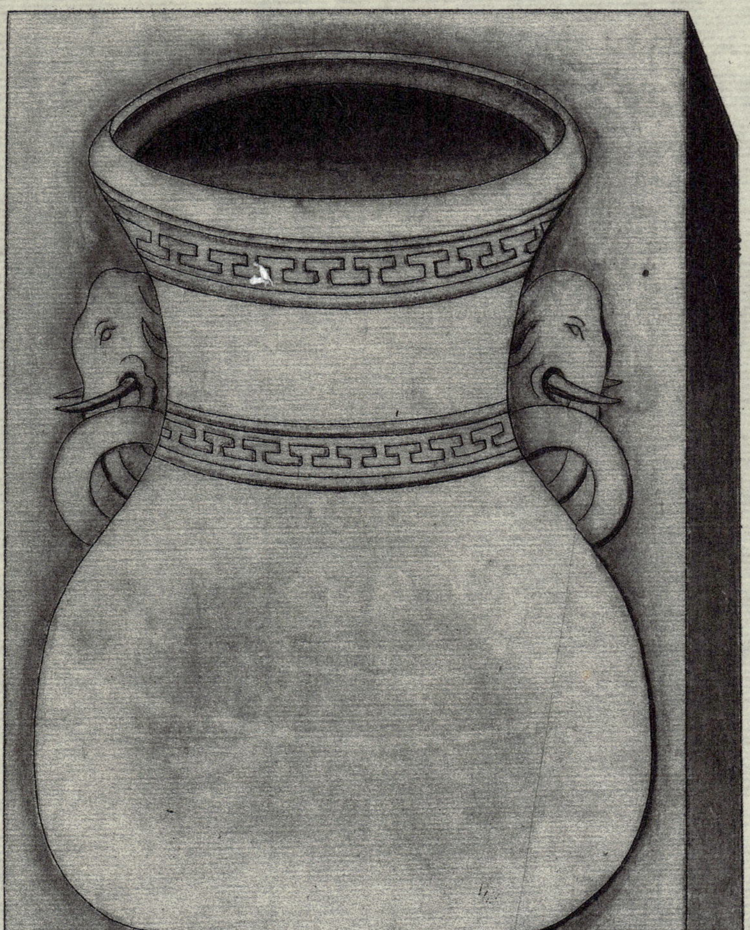

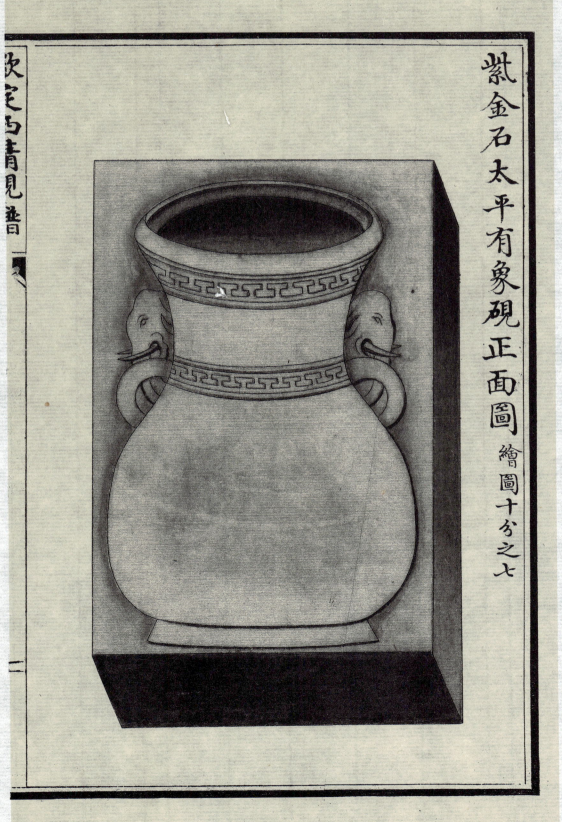

紫金石太平有象硯說

硯高六寸五分寬四寸五分厚一寸一分臨朐紫金石也硯面正平受墨處刻為瓶形旁綴象耳貫以雙環瓶口為墨池硯背刻象形背負寶瓶上方鐫

御題詩一首楷書鈐寶二曰會心不遠曰德充符匣蓋並鐫是詩隸書鈐寶二曰幾暇怡情曰得佳趣考宋高似孫硯箋稱紫金石出臨朐色紫潤澤發墨

御製題紫金石太平有象硯

紫金石硯臨朐產起墨益毫略次端刻作太平稱有象斯之未信敢心寬

駝基石五螭硯正面圖 繪圖十分之七

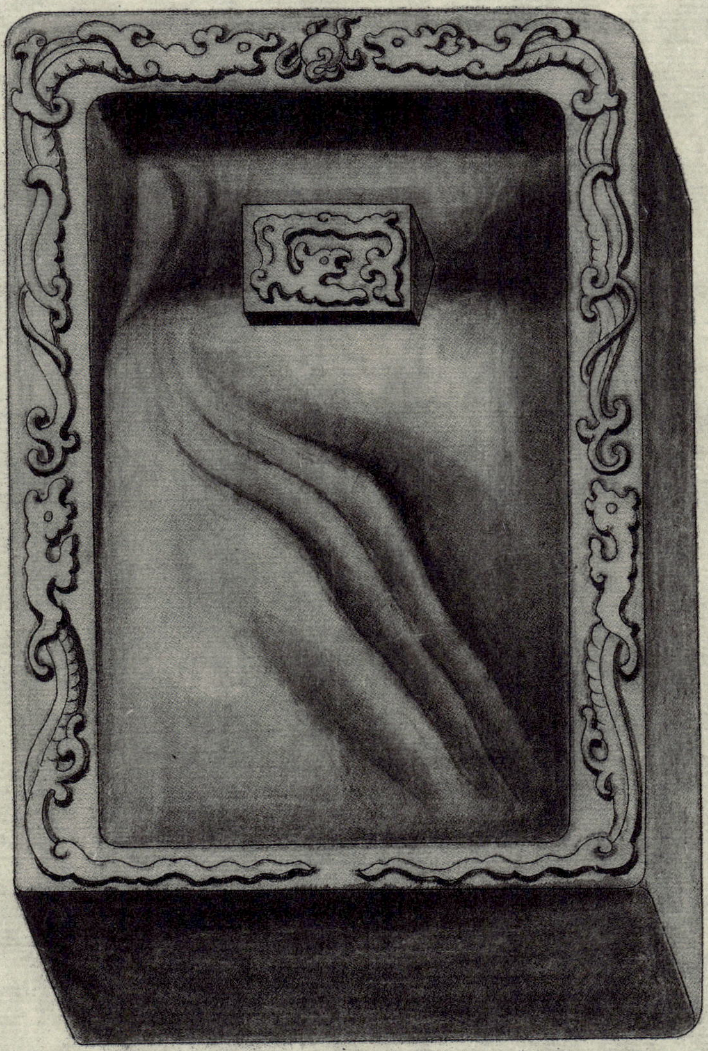

駝基石五螭硯說

硯高五寸七分寬四寸厚一寸一分駝基𥁕石為之受墨處寬平墨池深廣中刻蟠螭一邊刻作四螭遶之覆手鐫

御題銘詩一首楷書鈐寶二曰乾隆匣蓋並鐫是銘詩隸書鈐寶二曰幾暇怡情曰得佳趣考高似孫硯箋稱駝基石出登州駝基𥁕色黑羅文金星發墨類端歙是硯雖係新製而質理鋒穎佳處不減龍尾可

御製題駝基石五螭硯

駝基石刻五螭蟠受墨何須誇馬肝設以詩中例小品

謂同島瘦與郊寒

紅絲石風字硯正面圖

繪圖十分之九

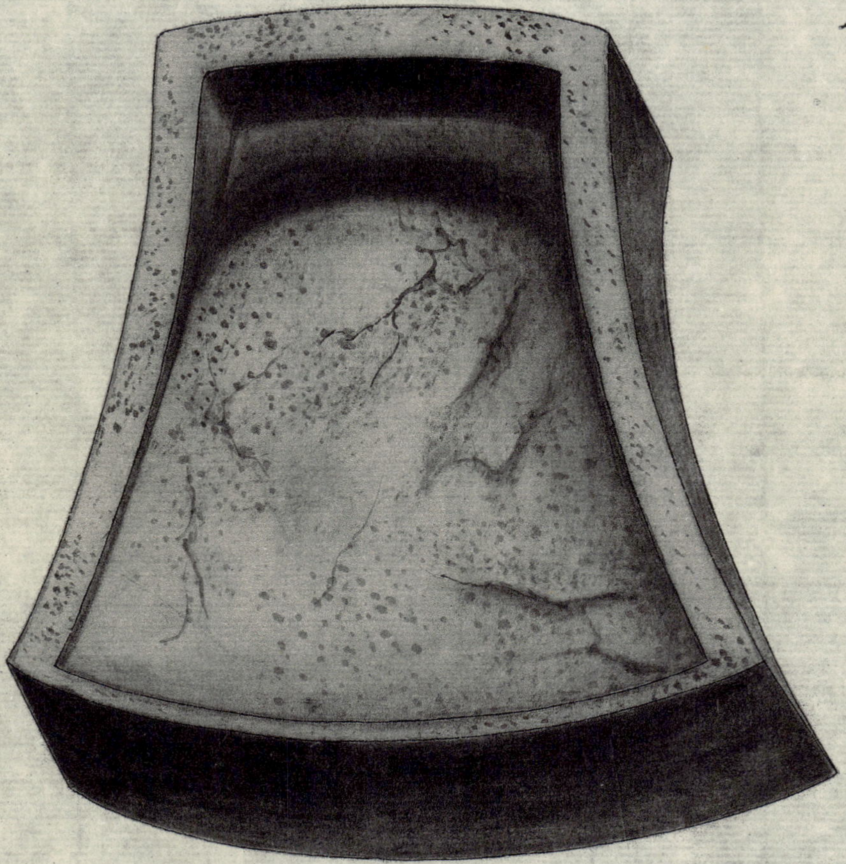

紅絲石風字硯下方側面圖

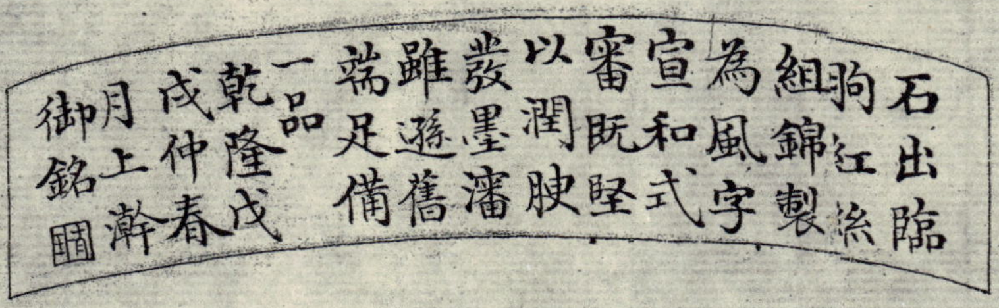
石出臨
朐紅絲
組錦製
為風字
宣和式
審既堅
以潤腴
發墨瀋
雖遜舊
端足備
一品
乾隆戊
戌仲春
月上澣
御銘
圖

紅絲石四直硯正面圖

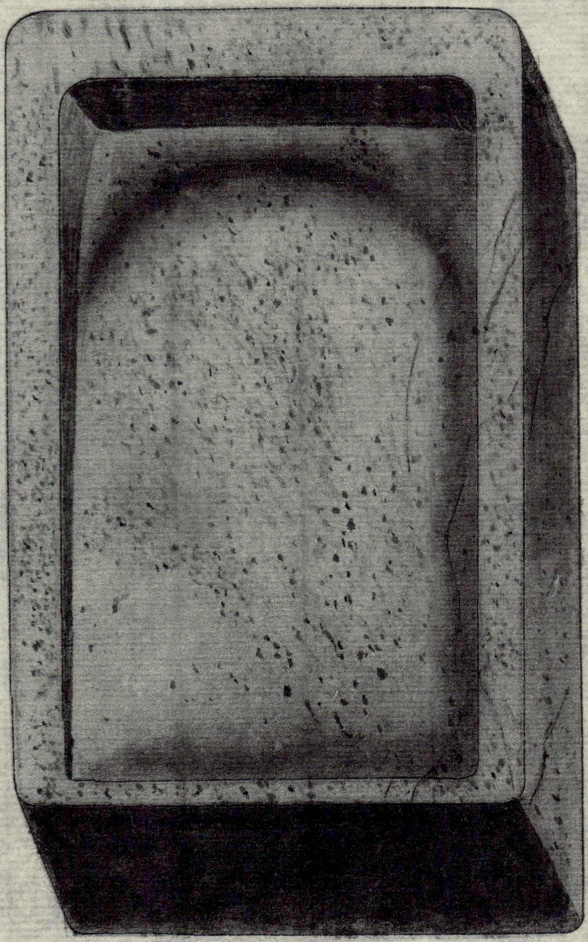

紅絲石四直硯説

硯高三寸六分寬二寸四分厚七分石質細潤黄理而紅絲邊勒四直受墨處正平覆手鐫

御題詩一首楷書鈐寶二曰比德曰朗潤匣蓋並鐫是詩隸書鈐寶二曰會心不遠曰德充符考宋高似孫硯箋引唐録稱唐中和年青州石工蘇懷玉於石洞中得石四五寸磨治為硯墨膏浮泛蒸濡如露異於他石後洞門石摧遂絶又引歐譜稱紅絲

御製題紅絲石四直硯

紅絲鸜鵒昨曾吟小式直方兹盍簪未識拔茅聲應處

能如斯否惕予心

澄泥八方硯正面圖

繪圖十分之九

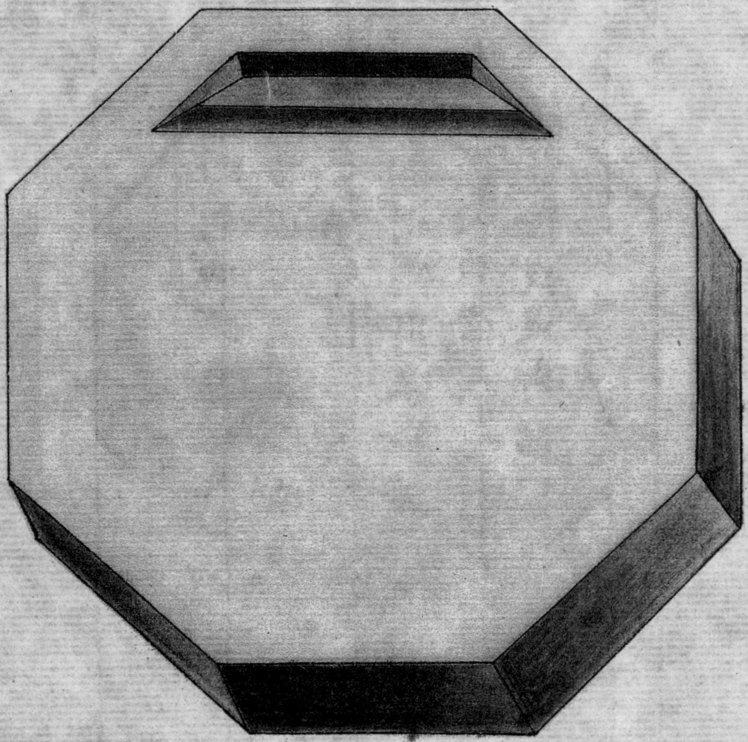

十三

澄泥八方硯上方側面圖

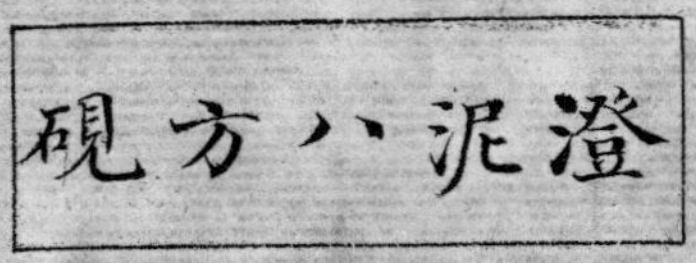

御製澄泥八方硯銘

四圍四隅義具八方匪燥匪濕含陰含陽從模則柔以陶則剛用之綸綍慎兹典常

仿魏興和塼硯背面圖

澄汾水之泥倣魏代之
塼在興和已稱舊然豈久於
祖龍之年今長城猶故物也夫誰
迴顧以視焉是知物貴所託就同
謂青雲之士蓋亦有感而為
言 乾隆御銘 乾隆

上方側面改

仿魏興和甎硯硯首側面圖（首旁注：上方）

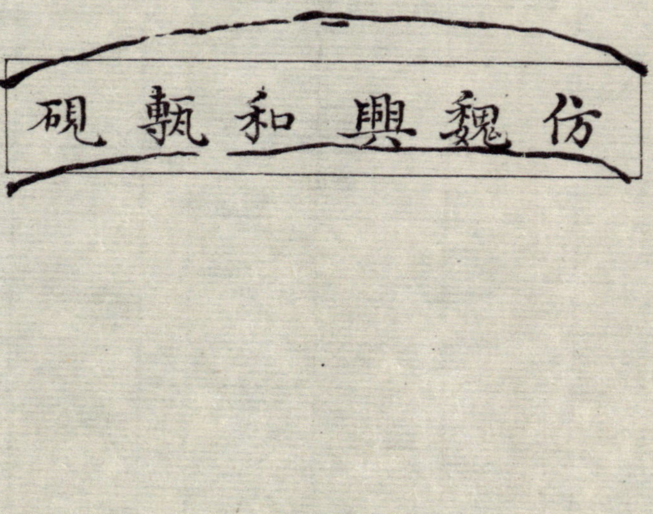

十七

御題銘與硯同隸書鈐寶二曰比德曰朗潤匣
底内鐫乾隆御用四字外鐫仿魏興和瓶硯六字
並隸書

御製仿䴢興和甎硯銘

澄汾水之泥仿䴢代之甎在興和已稱舊然豈久於祖龍之年今長城猶故物也夫誰迴顧以視焉是知物貴所託龍門謂青雲之士蓋亦有感而為言

倣唐八稜澄泥硯正面圖

繪圖十分之八

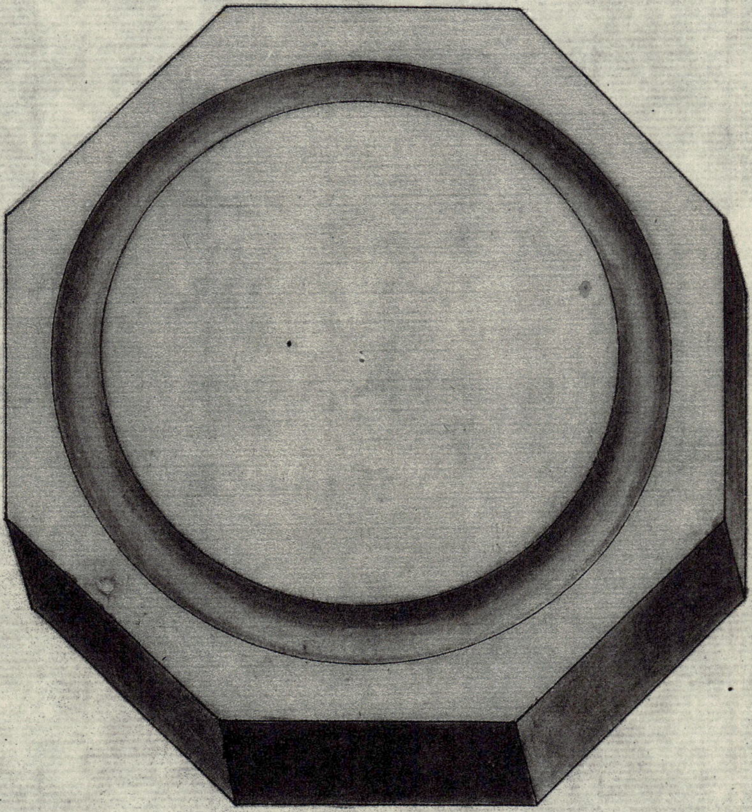

二十

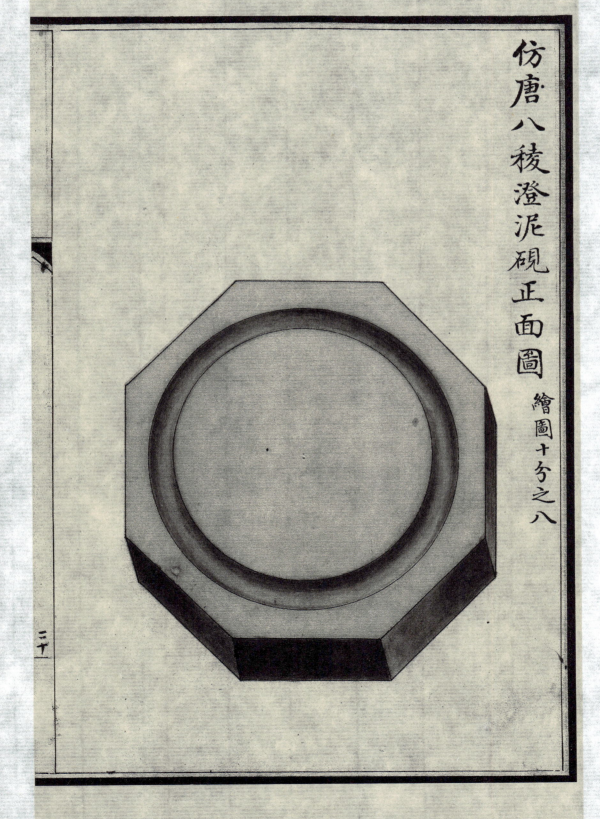

仿唐八稜澄泥硯上方側面圖

仿唐八稜澄泥硯

四字外鐫仿唐八稜澄泥硯七字並隸書考
内府唐硯邉周刻海水魚龍是硯仿其形製而邉不
雕幾彌見渾雅

御製仿唐八稜澄泥硯銘

昔也泥今則石葆其先堅以澤外象卦中呈辟利筆毫

發墨液陶冶功化物無迹育材作人懋莫繹

仿唐蔆鏡硯正面圖

第一硯 繪圖十分之八

仿唐蔆鏡硯說

硯圓徑四寸八分厚八分三足高五分刻作蔆花環為墨池池深二分受墨處有鸜鵒眼一斜帶黃龍紋中有翡翠紋長短各一硯背鐫

御題銘一首亚書（楷）鈐寶一曰會心不遠匣蓋並鐫是銘隸書鈐寶二曰幾暇怡情曰得佳趣是硯係宋坑石仿

內府舊藏唐蔆鏡硯式製

御製題仿唐菱鏡硯

製倣唐石猶宋出古坑成令礱鴝眼一如月洞異鏡明

具鏡用百代鑒六義供

仿唐菱鏡硯正面圖

第二硯 繪圖十分之八

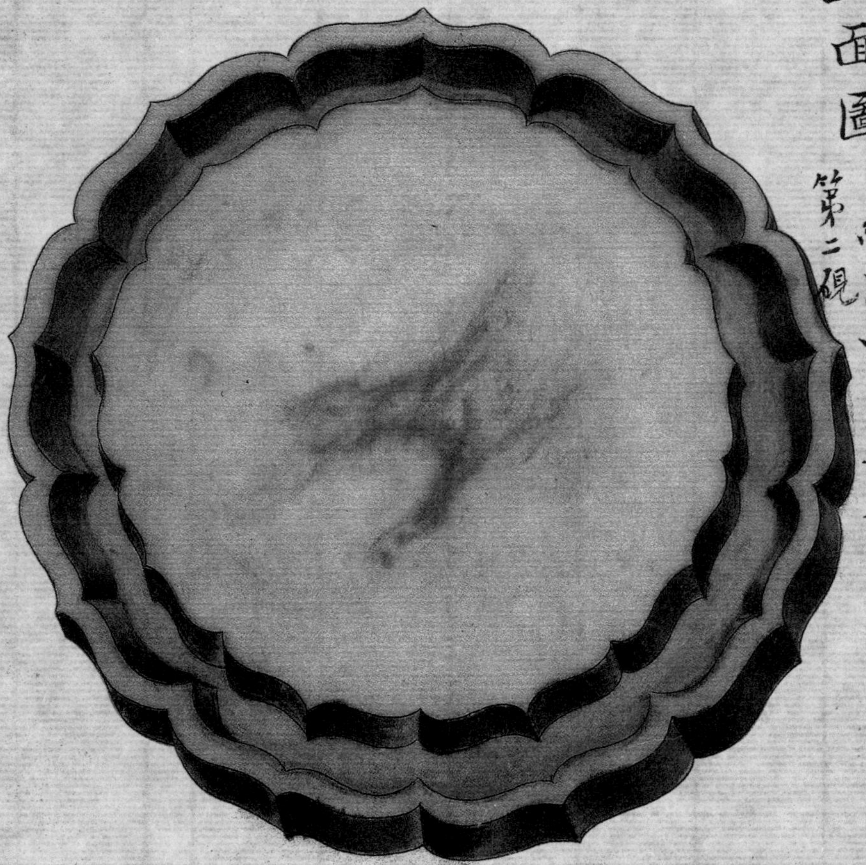

二十七

仿唐蔆鏡硯說

硯如蔆花而九出徑各四寸六分厚六分許歙石色微黝受墨處正平如鏡亦爲蔆花式外環墨池硯背花瓣仰承三跗附焉上方鐫仿唐蔆鏡硯五字楷書左畔石脉一道中有金星一下鐫

御題銘一首楷書鈐寶二曰乾隆

内府舊藏唐蔆鏡硯本係歙石

皇上曾命以宋端舊石仿式爲之兹復以舊歙石仿製

御製仿唐蔆鏡硯銘

蔆花專瓣肖厥鏡形匪銅玻瓈石出歙坑唐有此製師

古用成惕殷鑒以自照詎曰摛文是寶

二十九

仿唐觀象硯正面圖

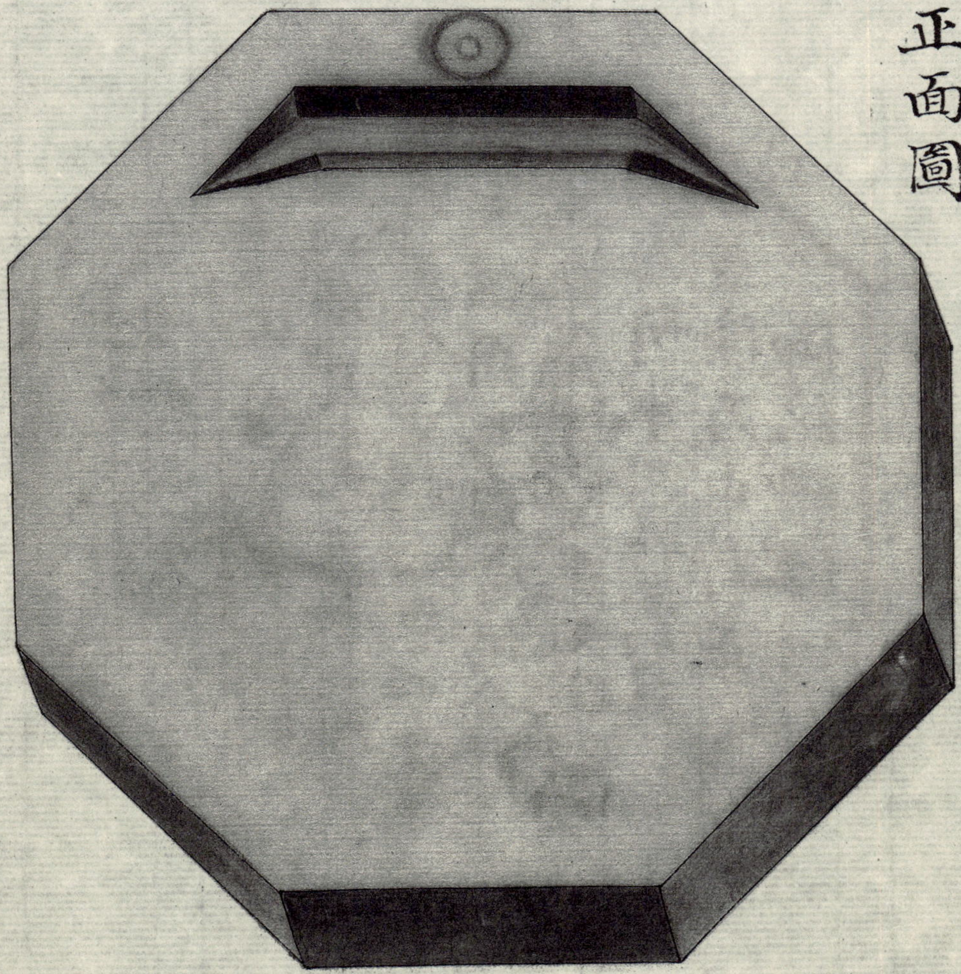

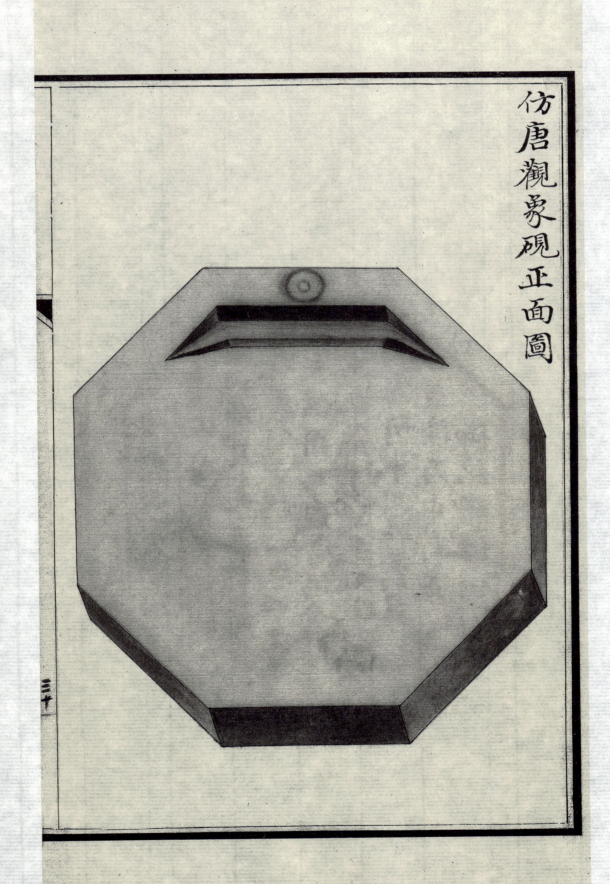

仿唐觀象硯説

硯八稜稜廣四寸八分徑四寸五分厚四分端石製硯首鸜鵒活眼一高似孫硯箋所謂端溪石以高眼為貴是也下為墨池深二分硯背上方鐫仿唐觀象硯五字楷書中鐫

御題銘一首楷書鈐寶二曰德充符曰會心不遠匣蓋並鐫是銘隸書鈐寶二曰幾暇怡情曰得佳趣匣底内鐫乾隆御用四字外鐫仿唐觀象硯五字並隸書

御製仿唐觀象硯銘

古聖觀象意在筆前卦雖畫八理具先天伊誰製硯義

闡韋編四維四隅匪方匪圓弗設奇偶全體備焉玩辭

是資選石傚旃滴露研朱用佐窮年

三十二

仿澄泥虎伏硯盖外面圖

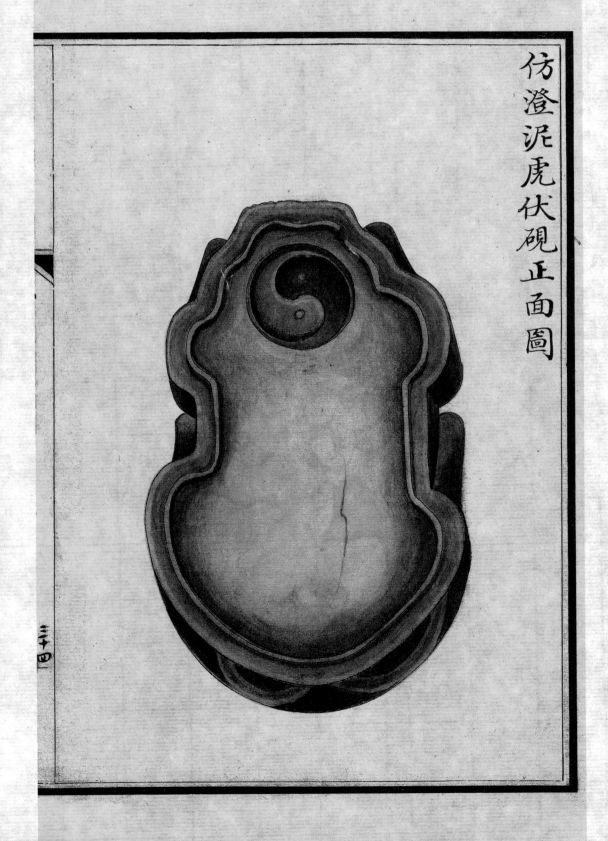

仿澄泥虎伏硯正面圖

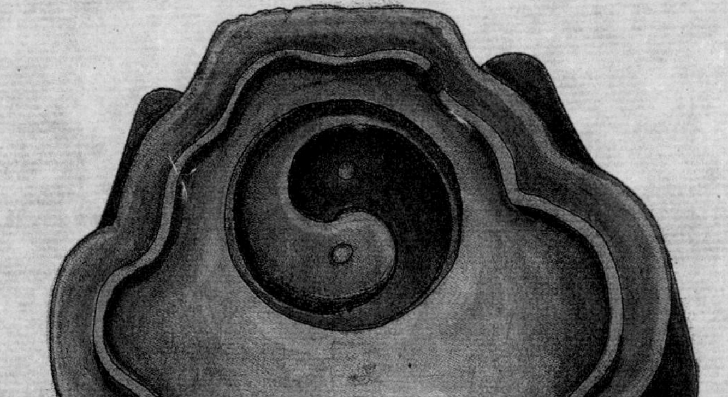

三十四

四〇

仿澄泥虎伏硯說

硯高四寸五分上寬二寸五分下寬三寸八分許厚一寸四分仿宋澄泥為之色紫形製稍圓有青綠而無天然剥蝕痕虎首微尖小兩耳正圓與舊式稍異餘俱與舊式畧同盖内鐫

御題銘一首隸書鈐寶二曰比德曰朗潤匣盖内並鐫是銘鈐寶二曰會心不遠曰德充符是硯

上岀

御製仿澄泥虎伏硯銘

呂老所造茲不可得金閶巧煅如伏虎式球琳其質青
緑具色置之舊側幾難別白列於文房友乎子墨幾暇
怡情揮毫是比每繹旅獒不無懋德

仿宋宣和梁苑雕龍硯正面圖

貯寧壽宮

三十七

仿宋宣和梁苑雕龍硯説

硯高五寸九分寬二寸九分厚一寸二分舊端溪石受墨處外三面環以墨池邊左右周刻升降龍各二上下抱珠硯首穹起中鑿一竅豎為碑形穹起處刻為波紋十層下方側面鐫

御題銘十二字如半環右旋硯首穹起處環竅接鐫銘十二字亦右旋俱篆書覆手四面斜削為跗中鐫

大清乾隆仿製六字篆書欵

御製仿宋宣和梁苑雕龍硯銘

琢蜿蜒含氤氲龍德符昭其文髣乎髴闡舊聞游天池

蒸墨雲

三九

第二十四册

欽定西清硯譜目錄

此行低一格 ○第二十四冊

此行移入上行四字下空一格寫 ○附錄

此行低二格○○倣古六硯寧壽宫

以下低三格○○○倣漢未央甎海天初月硯

○○○倣漢石渠閣瓦硯

○○○倣唐八稜澄泥硯

○○○倣宋玉兔朝元硯

欽定西清硯譜

倣宋天成風字硯

○○倣古澄泥六硯

○○○倣漢未央甎海天初月硯

倣漢石渠閣瓦硯

倣唐八稜澄泥硯

倣宋玉兔朝元硯

倣宋德壽殿犀文硯

倣宋天成風字硯

欽定西清硯譜

二

仿漢未央甎海天初月硯正面圖

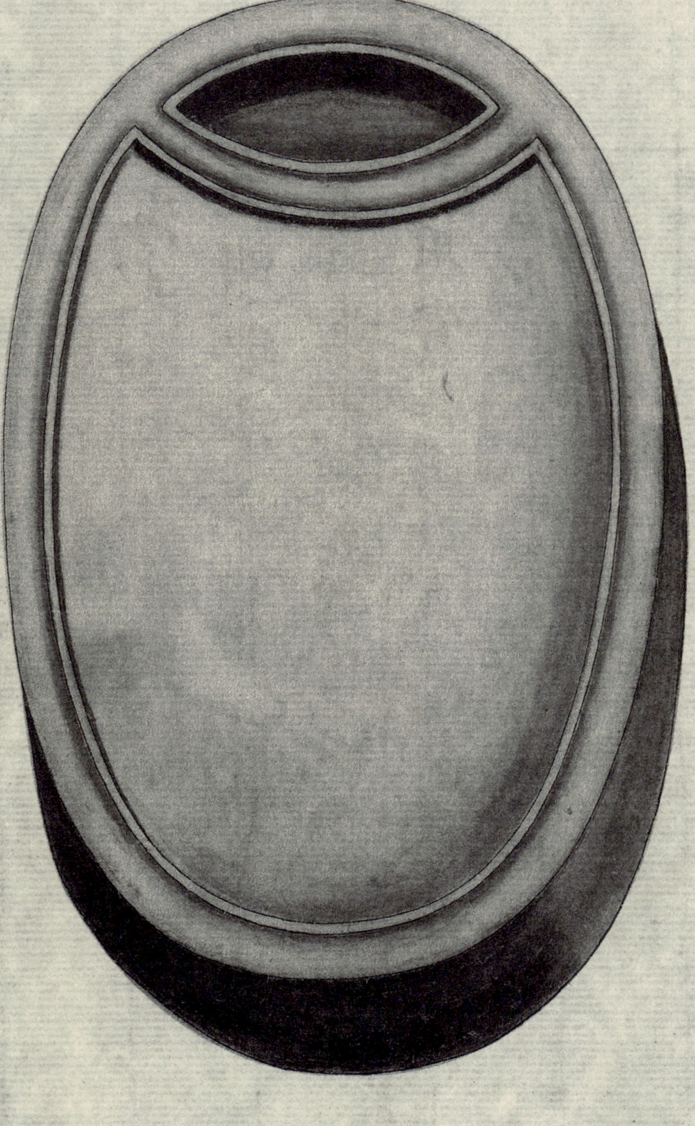

仿漢未央甎海天初月硯硯首側面圖

上方

御題銘與硯同並隸書鈐寶二曰會心不遠曰德充符

匣底内鐫乾隆御用四字

御製仿漢未央瓶海天初月硯銘

海天初月昇於水素華朗照清莫比鄭侯之磚曾無此

誰與題名難議擬翰筵静用實佳矣抽思啓秘有若是

仿漢石渠閣瓦硯正面圖

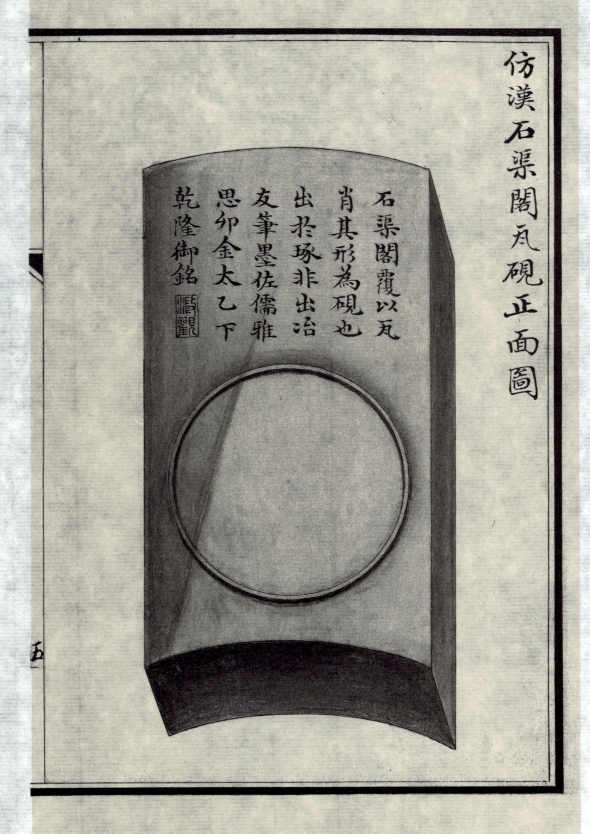

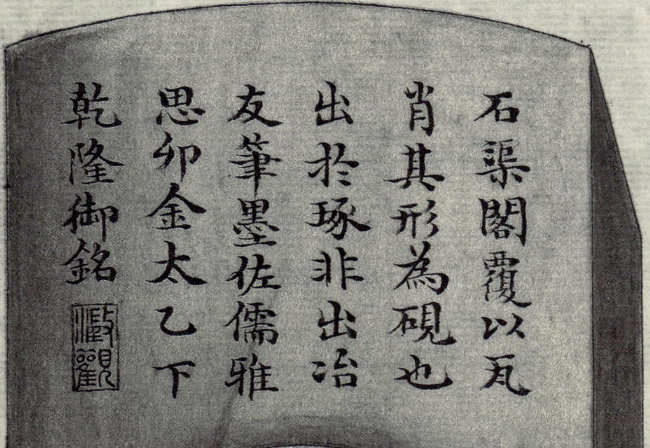

天題

西清珍襲較之濂所書者榮幸多矣匣蓋外鐫仿漢

石渠閣瓦硯七字内鐫

御題銘與硯同並隸書鈐寶二曰幾暇怡情曰得佳趣

匣底内鐫乾隆御用四字

仿漢石渠閣瓦硯硯首側面圖上方

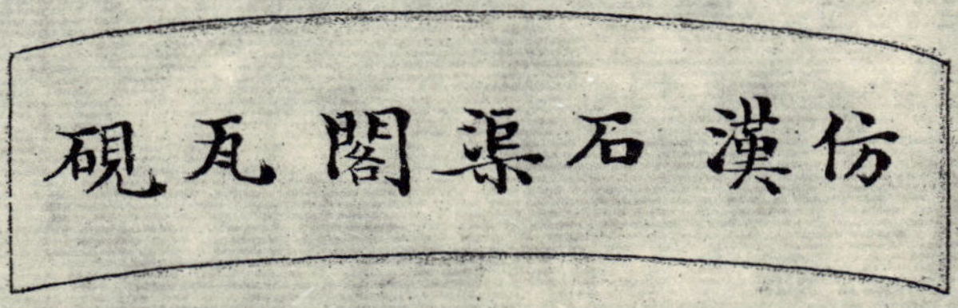

六

仿唐八稜澄泥硯正面圖

九

仿唐八稜澄泥硯硯~~首~~上方側面圖

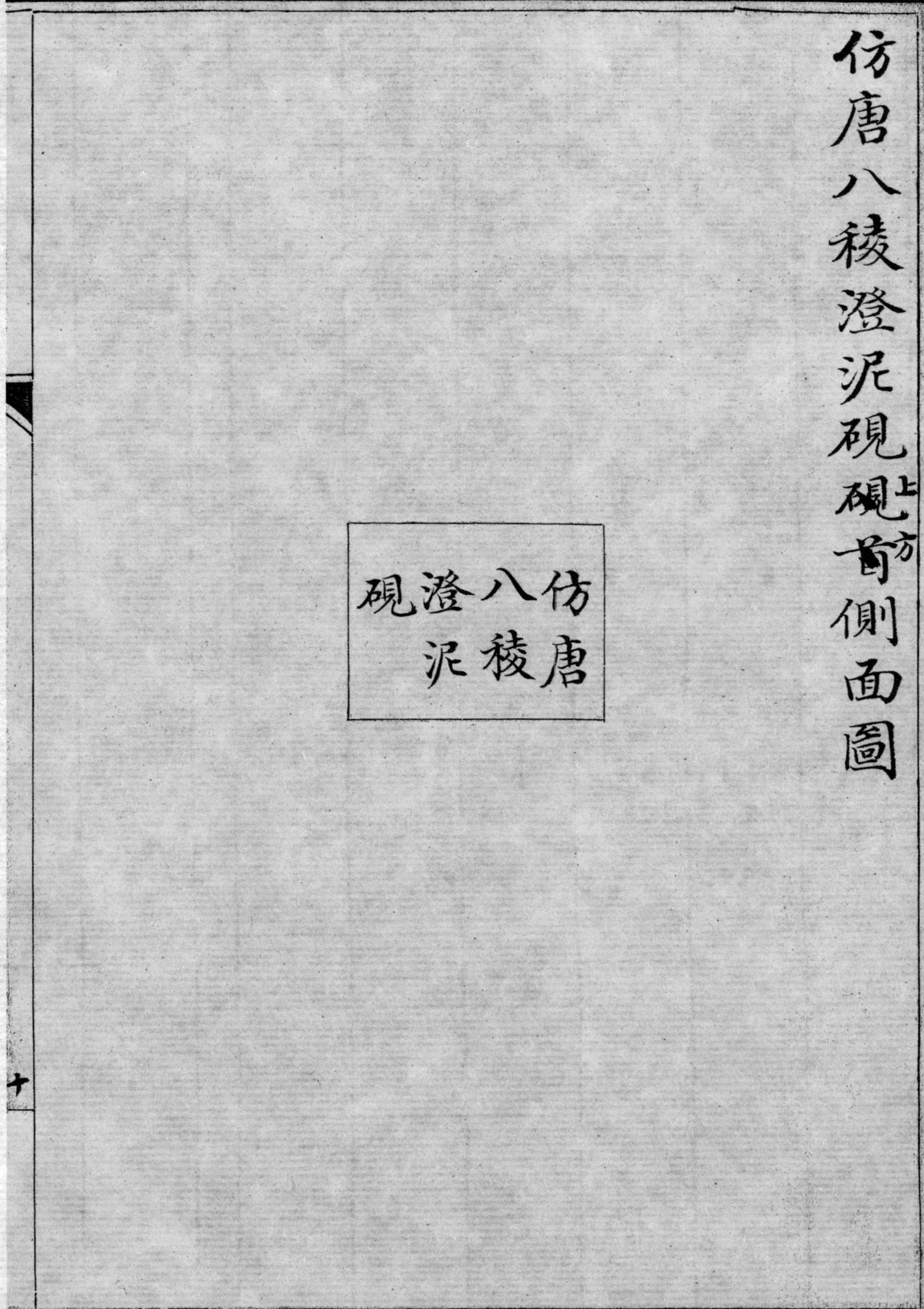

鐫

御題銘與硯同並隸書鈐寶二曰比德曰朗潤匣底內

鐫乾隆御用四字

御製倣唐八稜澄泥硯銘

四維四隅是曰八方辟水環之圓於中央内外各具深

義澄泥式倣乎唐此則端溪出舊阬

十二

仿宋玉兔朝元硯正面圖

仿宋玉兔朝元硯硯首側面圖（旁改：上方）

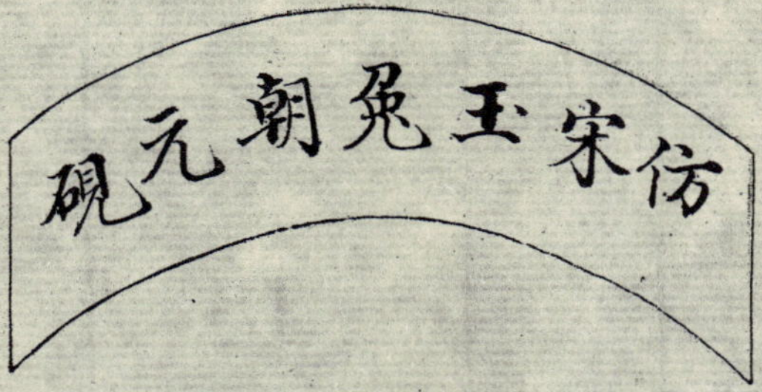

徽巴尤極渾成惟不摹建中靖國元年字匣盖外
鐫仿宋玉兔朝元硯七字内鐫
御題銘與硯同並隸書鈐寳二曰會心不遠曰德充符
匣底内鐫乾隆御用四字

御製仿宋玉兎朝元硯銘

小圓大圓如月盈其中更孕玉⿰鬲兔形文房受墨宜管城
宣毫頤處能無情

仿宋德壽殿犀紋硯正面圖

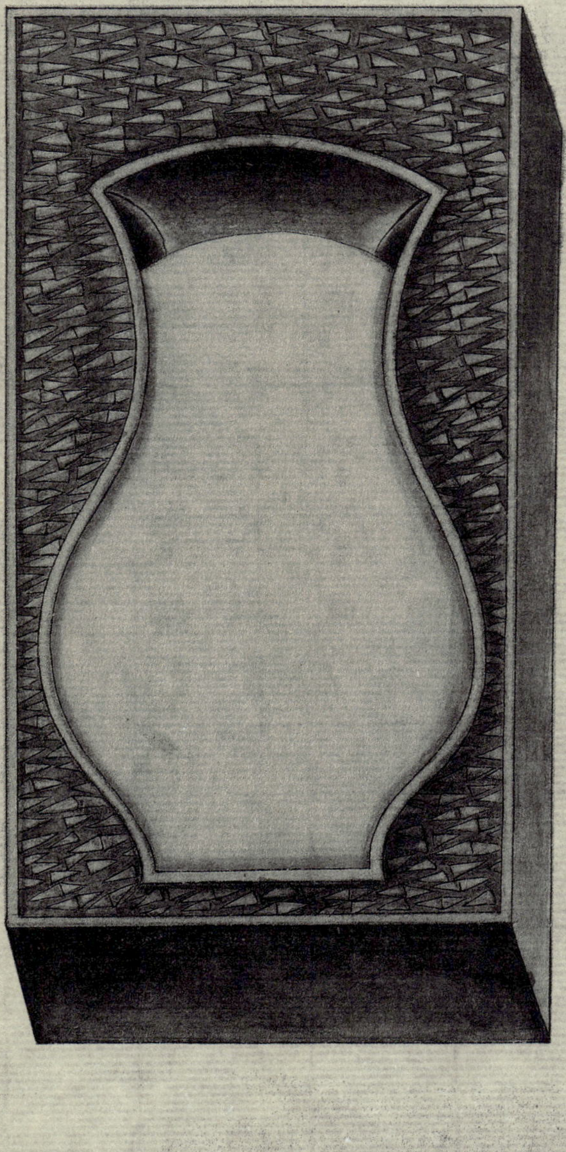

十六

仿宋德壽殿犀紋硯硯首側面圖

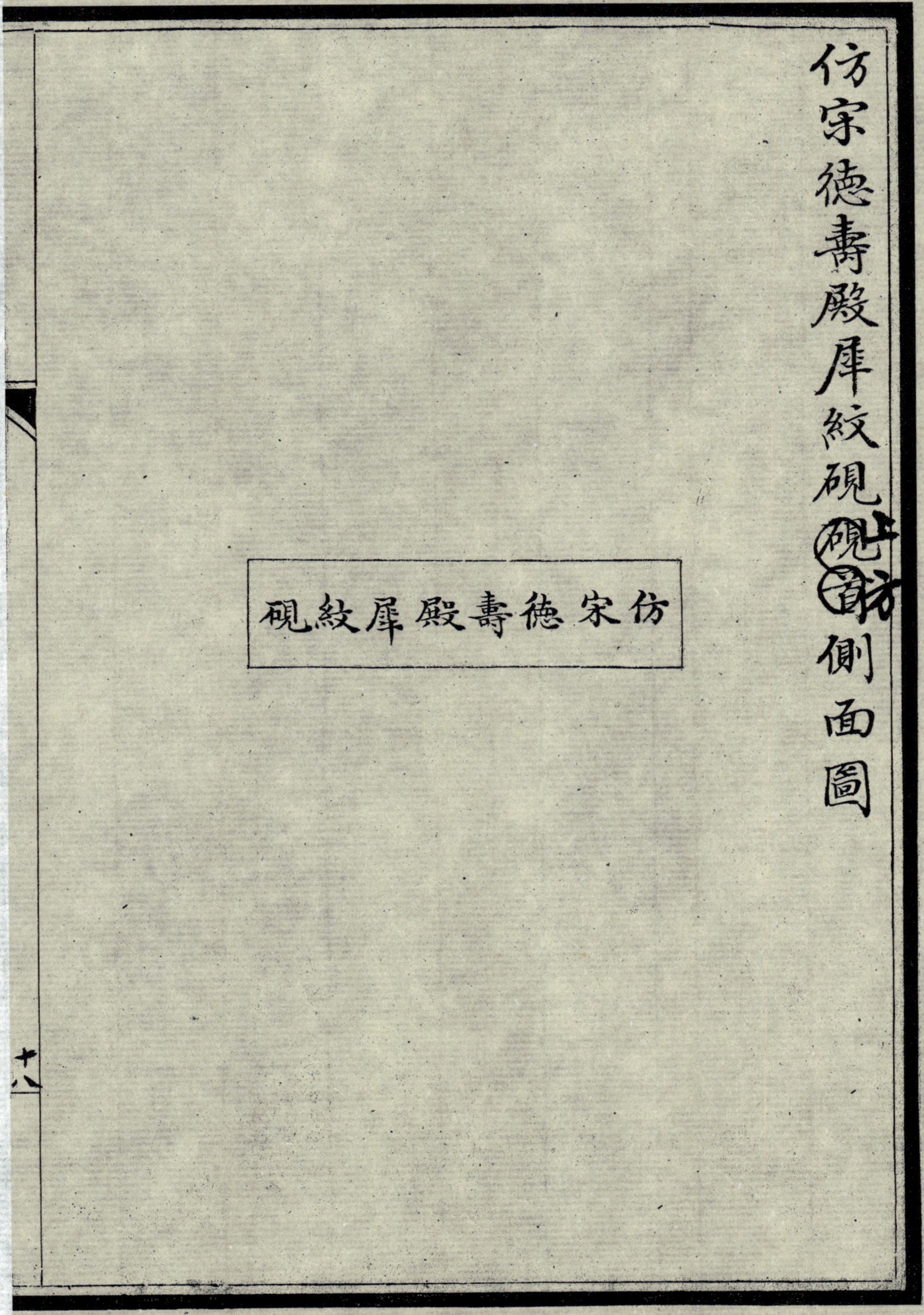

硯依式仿製刻作天成惟不樵御押德壽殿字及
御押印文匣蓋外鐫仿宋德壽殿犀紋硯西字内
鐫
御題銘與硯同並隸書鈐寶二曰會心不遠曰德充符
匣底内鐫乾隆御用四字

御製仿宋德壽殿犀紋硯銘

硯研理犀通靈純蒼玉質爲餅形數其典兮德壽興我懷兮守口

仿宋天成風字硯正面圖

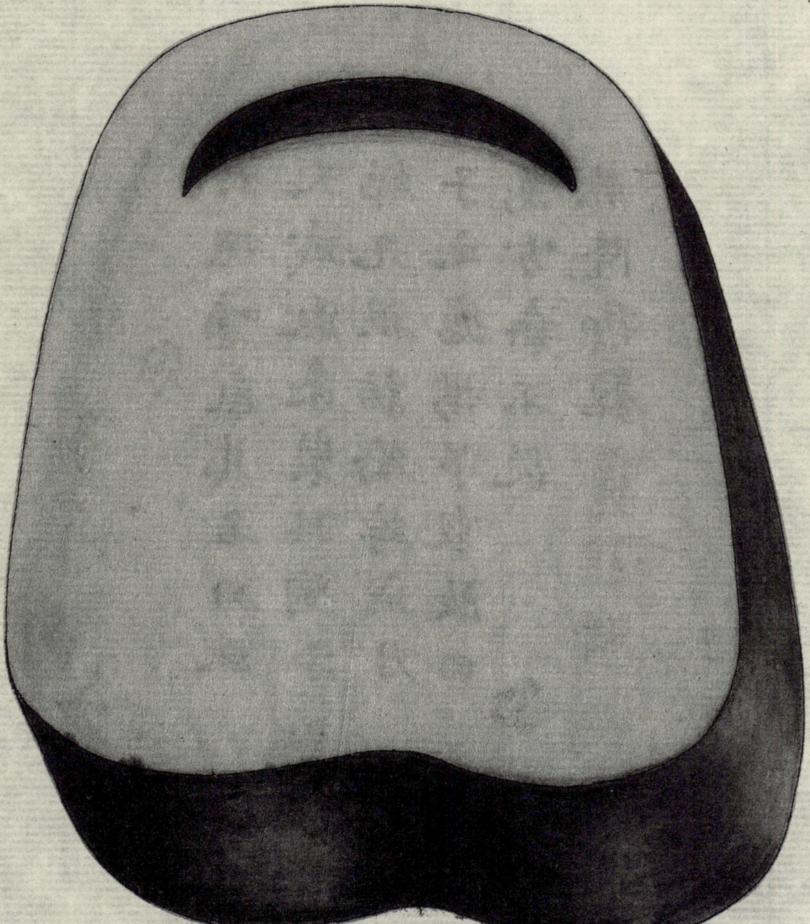

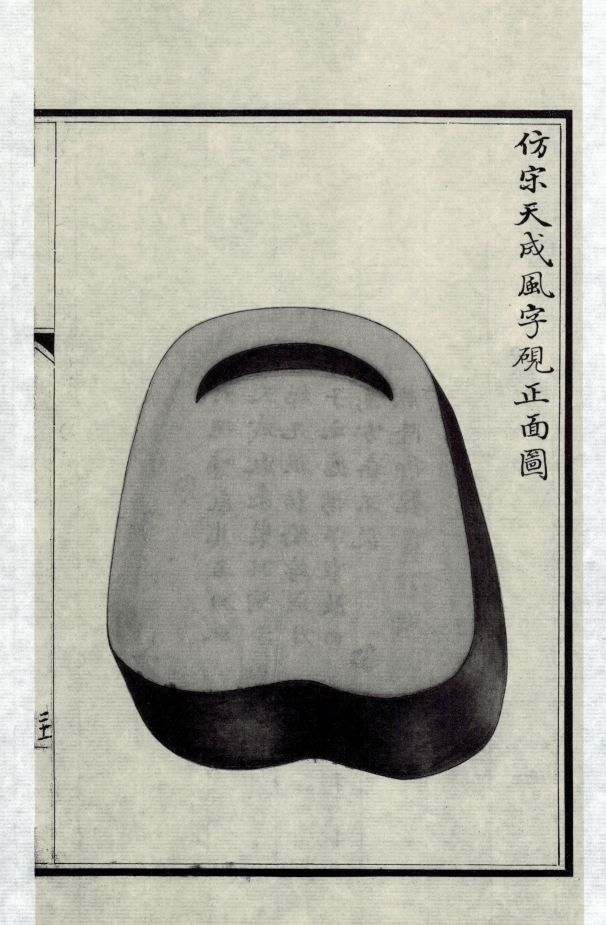

仿宋天成風字硯硯首側面圖

上方

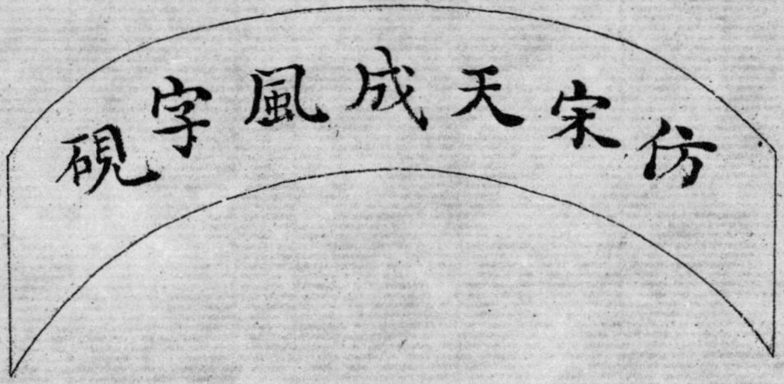

二十二

此周緻是硯具體宋製而形模較小十之六云匣
蓋外鐫仿宋天成風字硯七字內鐫
御題銘與硯同並隸書鈐寶二曰比德曰朗潤匣底內
鐫乾隆御用四字
謹案以上六硯並出
内府舊藏佳石如式仿製或端或歙質不必同而惟
妙惟肖各臻其極登諸綈以
寵以
綈几寵以

御製仿宋天成風字硯銘

大塊噫氣其名曰風天成取象製此陶泓綈几批諸綸綍成君子之德惕予衷敢曰萬方無不從

以下六硯
第二

仿漢未央瓴海天初月硯正面圖

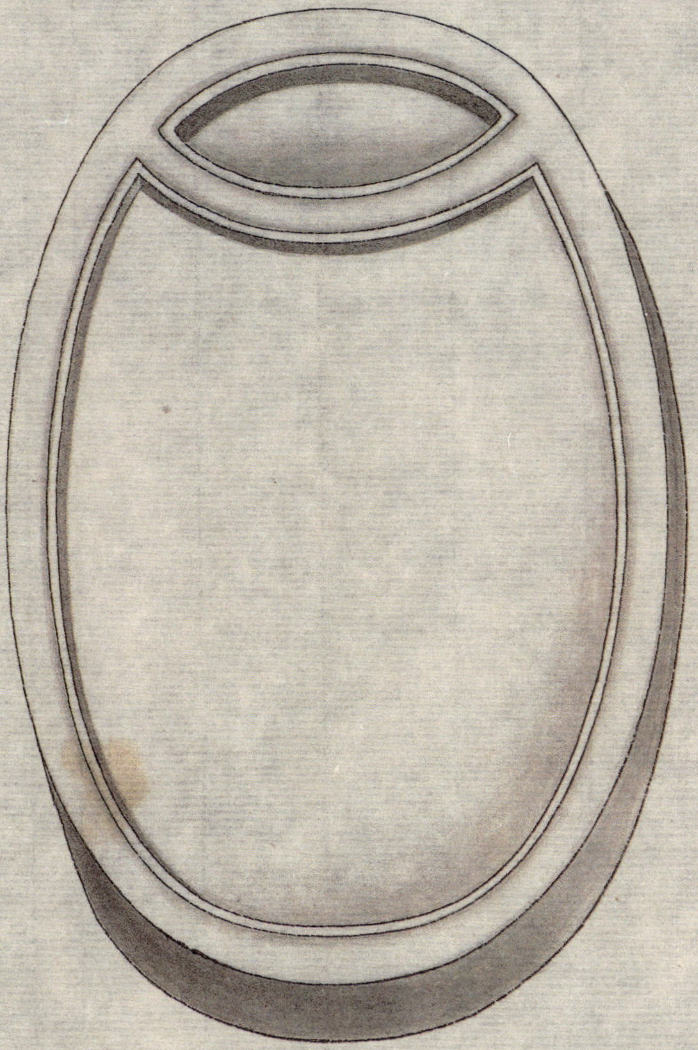

二十五

仿漢未央甎海天初月硯上方側面圖

十五年字而同爲漢未央瓴謬矣是硯仿其形製
而不橅建安十五年字

二十七

御製仿漢未央甎海天初月硯銘

未央之甎胡為署建安年或三臺之所遺墜清漳而濯淵似孫不察謬為題箋形則長以楕聲乃清而堅嘉素質之渾淪浴初月於海天師其跡而不承其譌是亦稽古之一助焉

二十八

仿漢石渠閣瓦硯正面圖

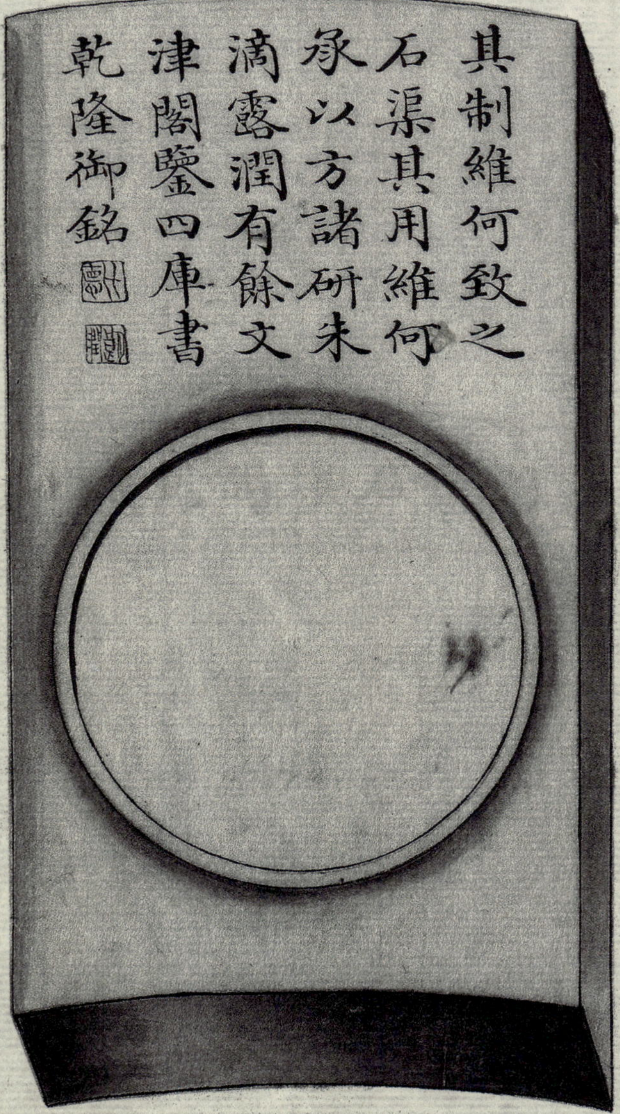
其制維何致之
石渠其用維何
承以方諸研朱
滴露潤有餘文
津閣鑒四庫書
乾隆御銘

仿漢石渠閣瓦硯上方側面圖

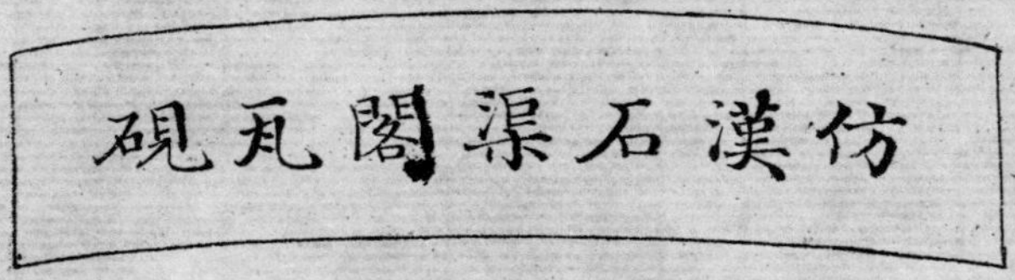

御製倣漢石渠閣瓦硯銘

其制維何致之石渠其用維何承以方諸研朱滴露潤有餘文津閣鑒四庫書

仿唐八稜澄泥硯正面圖

仿唐八稜澄泥硯上方側面圖

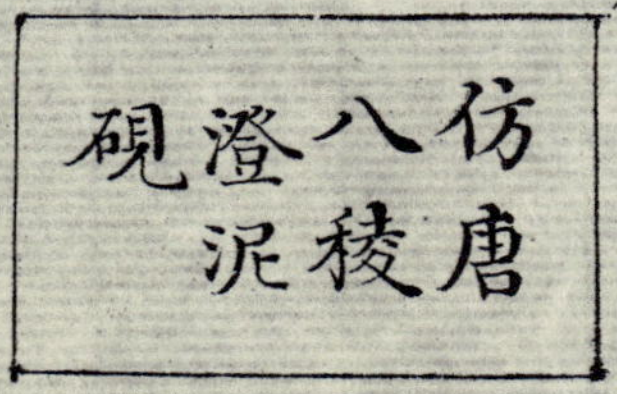

御製仿唐八棱澄泥硯銘

一規内涵八稜砥琢端正絳潤而理平水圓壁安足擲

仿宋玉兔朝元硯正面圖

仿宋玉兔朝元硯上方側面圖

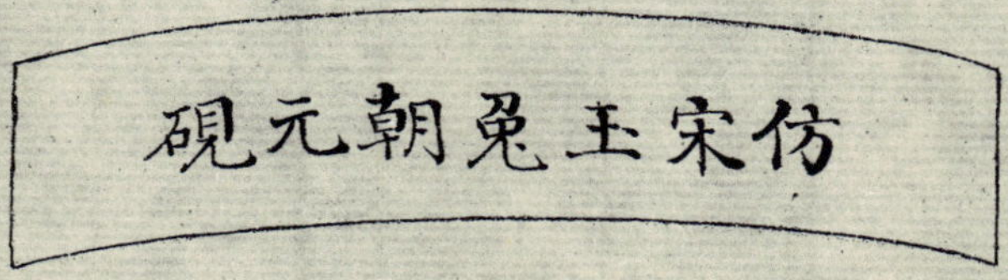

二十六

御製仿宋玉兔朝元硯銘

月之精頋兔生三五盈揚光明友墨卿宣管城浴華英規而成

二十七

仿宋德壽殿犀紋硯正面圖

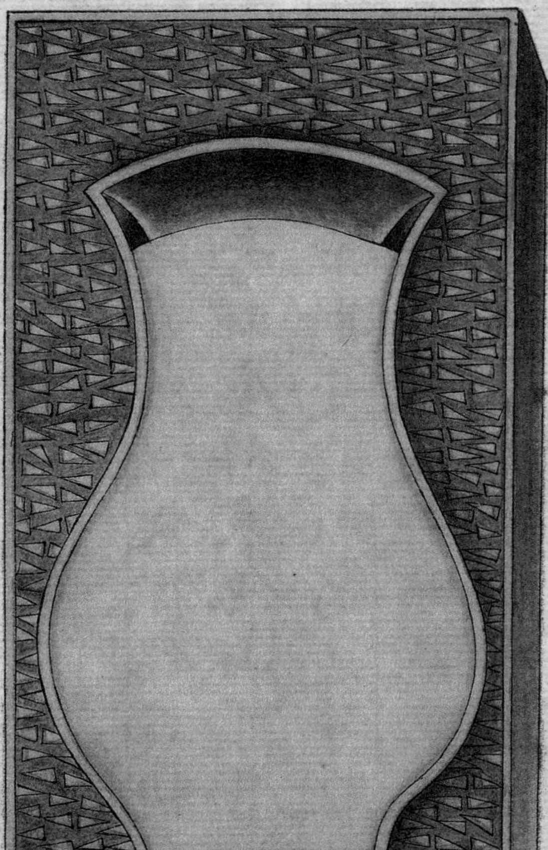

二十八

仿宋德壽殿犀紋硯上方側面圖

仿宋德壽殿犀紋硯

御製倣宋德壽殿犀紋硯銘

琴古之產兮星文徽端異種足珎兮辟塵辟寒他山可磨兮如瓶斯受聊以寓意兮取諸德壽

四十

仿宋天成風字硯正面圖

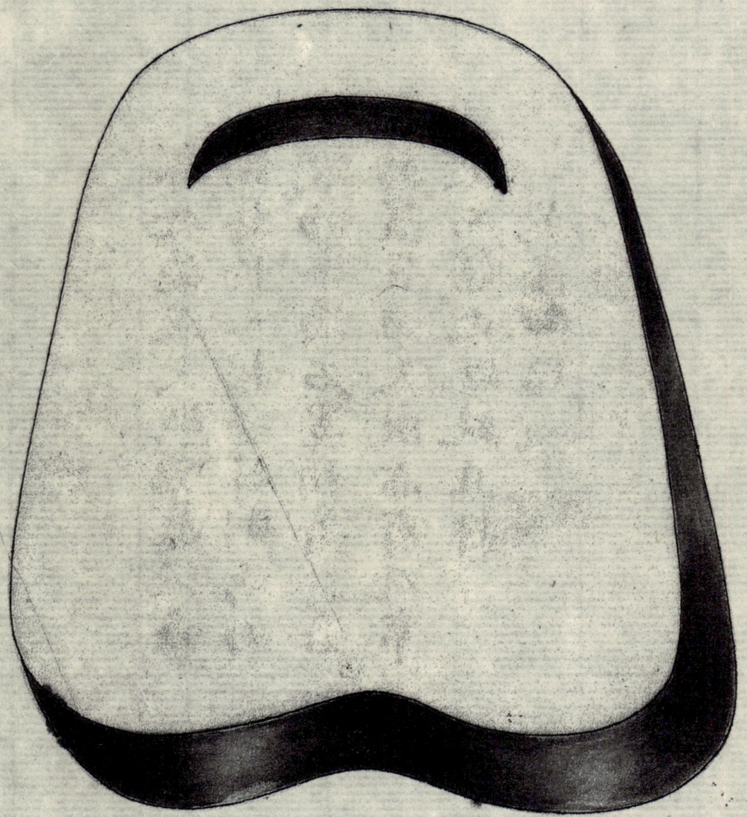

仿宋天成風字硯上方側面圖

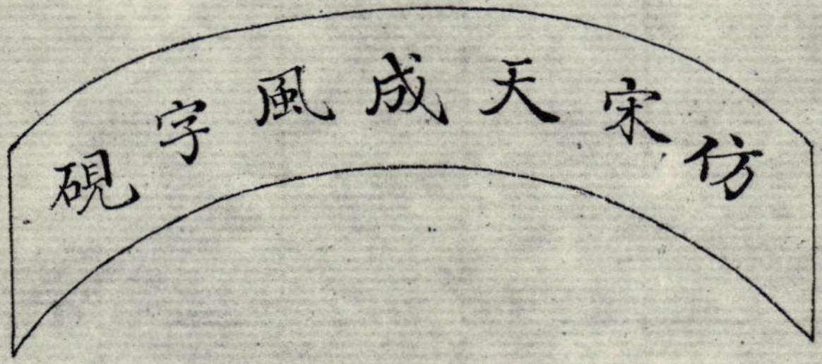

四十二

製各兮
綈几文窓兮函貯
賁互相輝映墨池
恩雨沾潤萬年並足為硯林增故事云

御製做宋天成風字硯銘

春之德風大塊噫氣從蟲諧聲於凡制字谷則為雨潤

物斯濟石墨相著行若郵置豈惟天成亦有人事擬而

議之既純且粹

六硯
三

仿漢未央甎海天初月硯正面圖

四十五

仿漢未央甎海天初月硯工方側面圖

四十六

仿漢石渠閣瓦硯正面圖

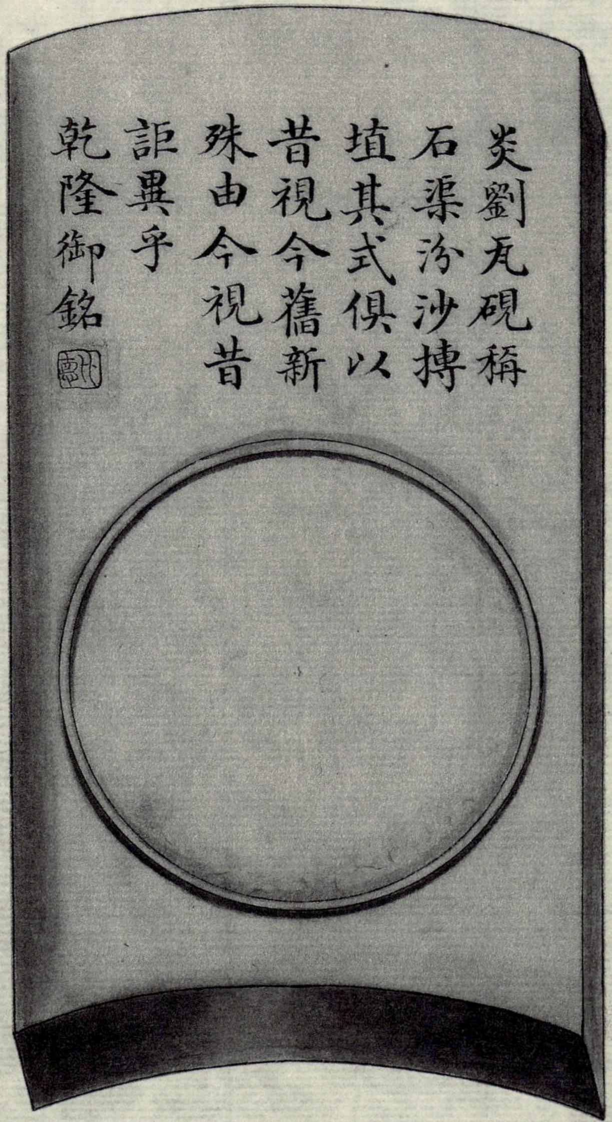

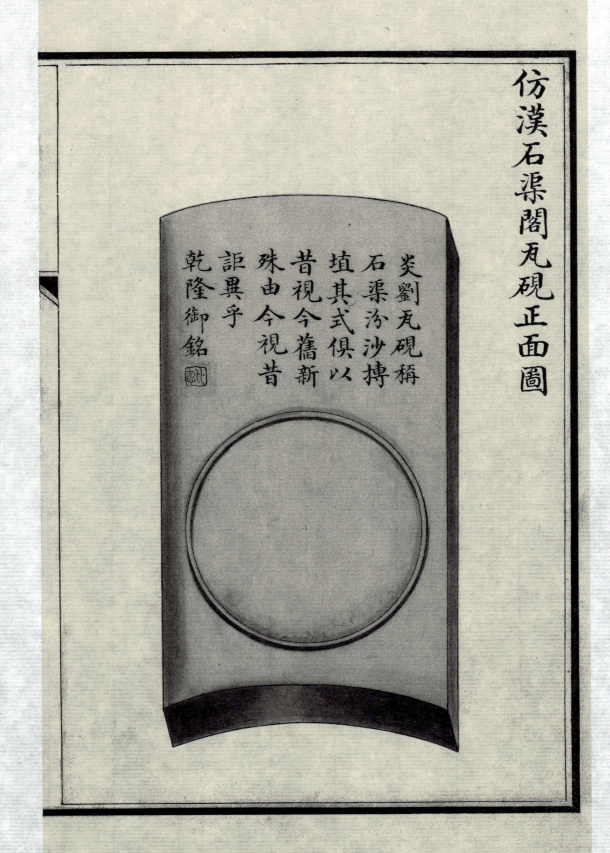

仿漢石渠閣瓦硯上方側面圖

御製仿漢石渠閣瓦硯銘

炎劉瓦硯稱石渠汾沙摶埴其式俱以昔視今舊新殊由今視昔詎異乎

仿唐八稜澄泥硯正面圖

御製仿唐八稜澄泥硯銘

八稜含璧外方内圓唐即澄泥兹實肖焉枕葄六藝倚身立言詎惟玩物思旅獒篇

仿宋玉兔朝元硯正面圖

仿宋玉兔朝元硯上方側面圖

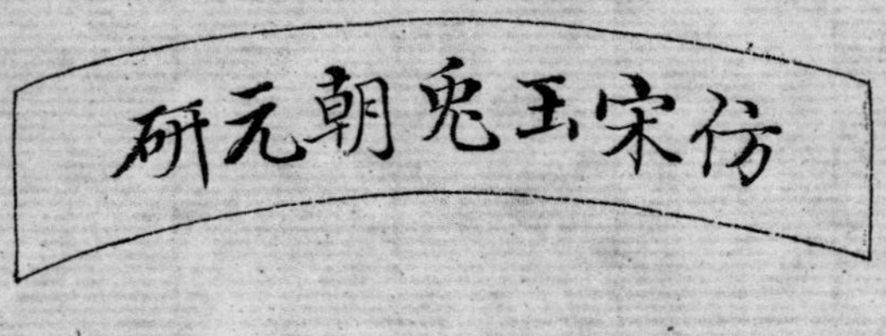

御製仿宋王兔朝元硯銘

月中兔兮日中雞卯酉其象交坎離天然配合誰所為日雞月兔兩弗知朝元之硯恒如斯研朱點筆猶繁辭

仿宋德壽殿犀文硯正面圖

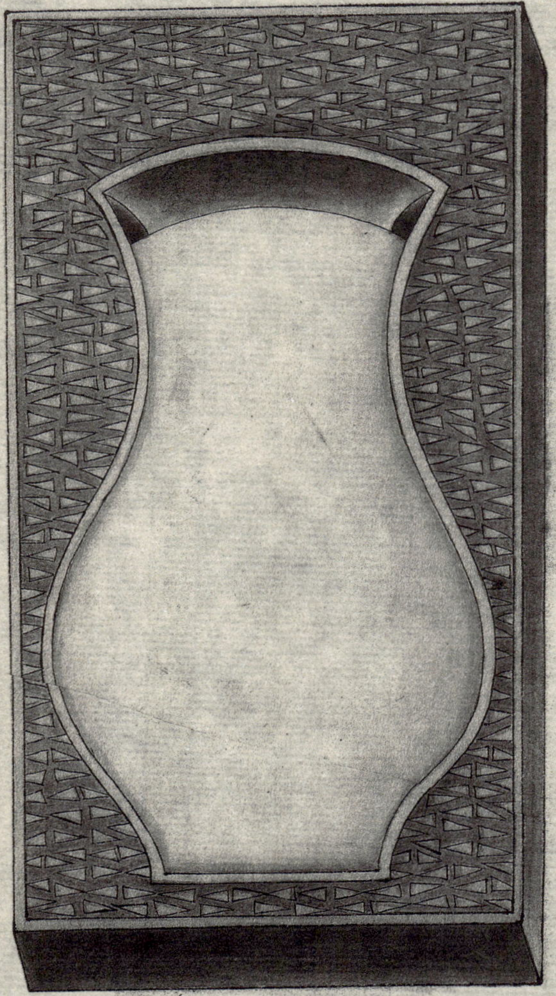

五十七

本冊內風字第二硯。綈几二字單抬此處却不抬

第一冊凡例第一頁後六行寵以二字不頂抬此又頂抬

以御意度之莫若將此處寵以二字空去升七行綈几二

而寵以二字直接寫下

字於八行作單抬則此處體例皆畫一矣

紀○陸○四

五十七

仿宋德壽殿犀文硯上方側面圖

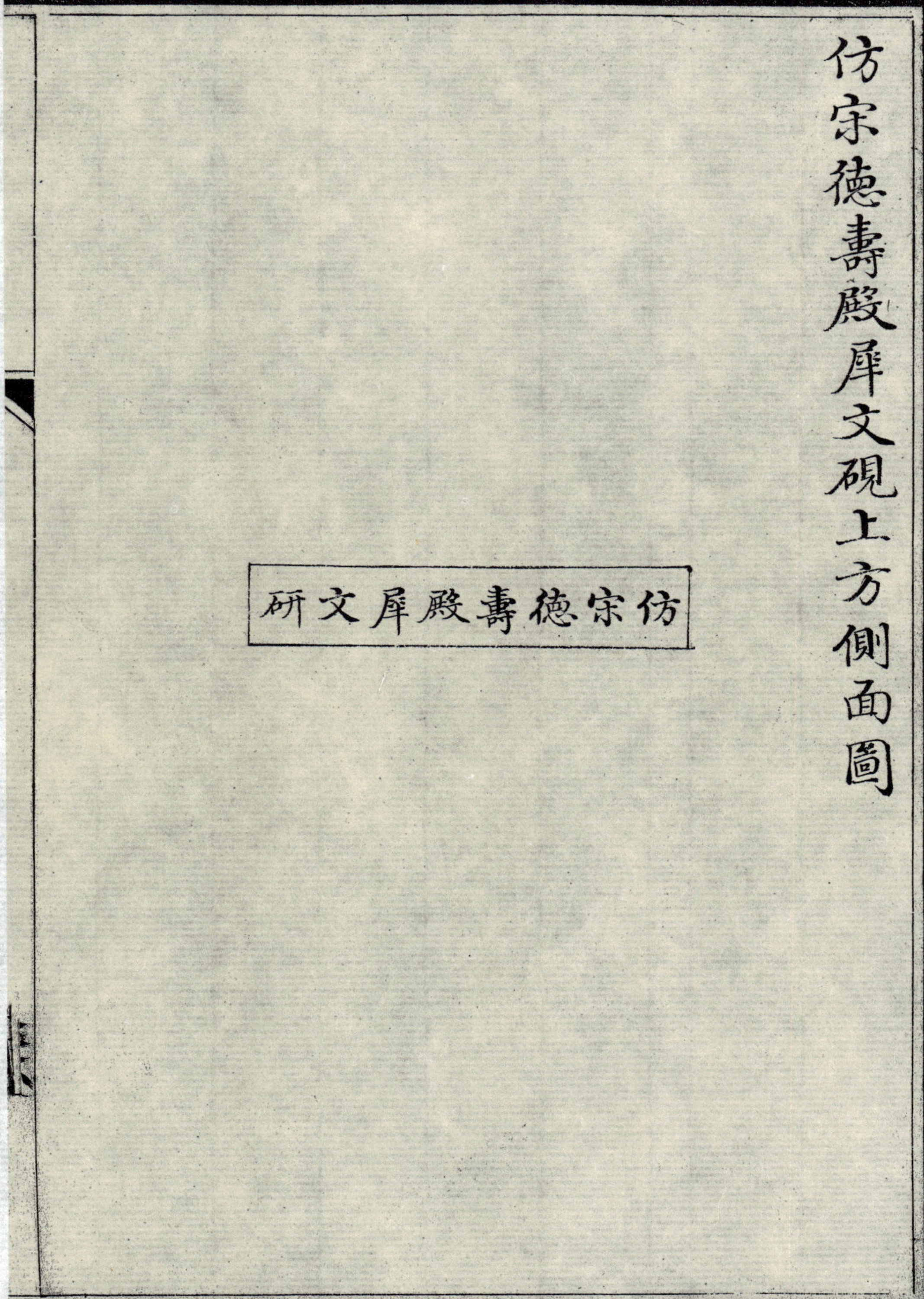

御製仿宋德壽殿犀紋研銘

犀其文研其口製始誰宋德壽法伊書吾何有論伊人吾弗取

仿宋天成風字硯正面圖

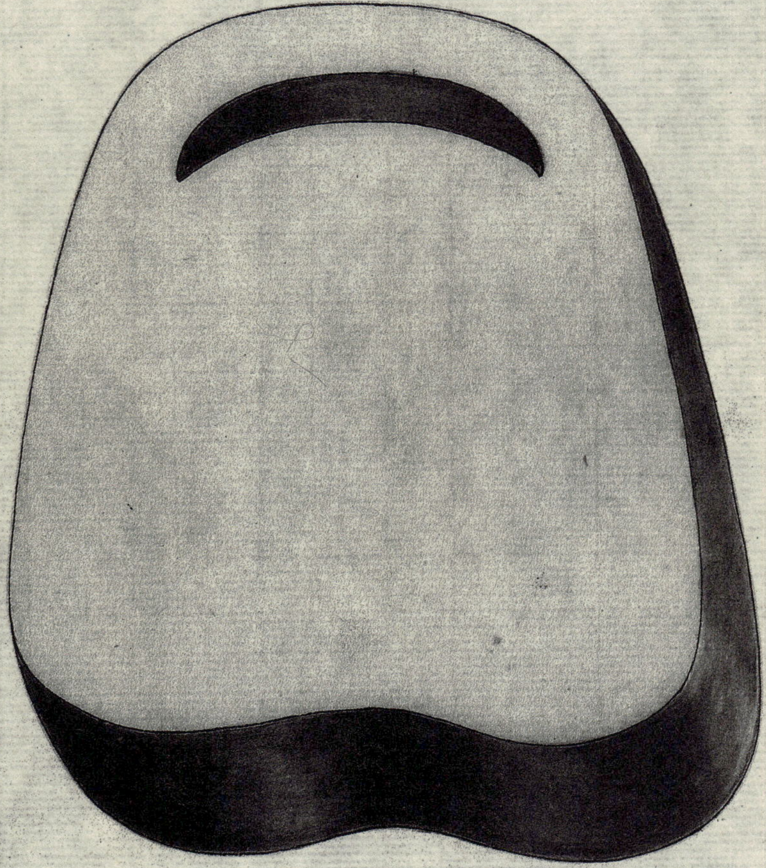

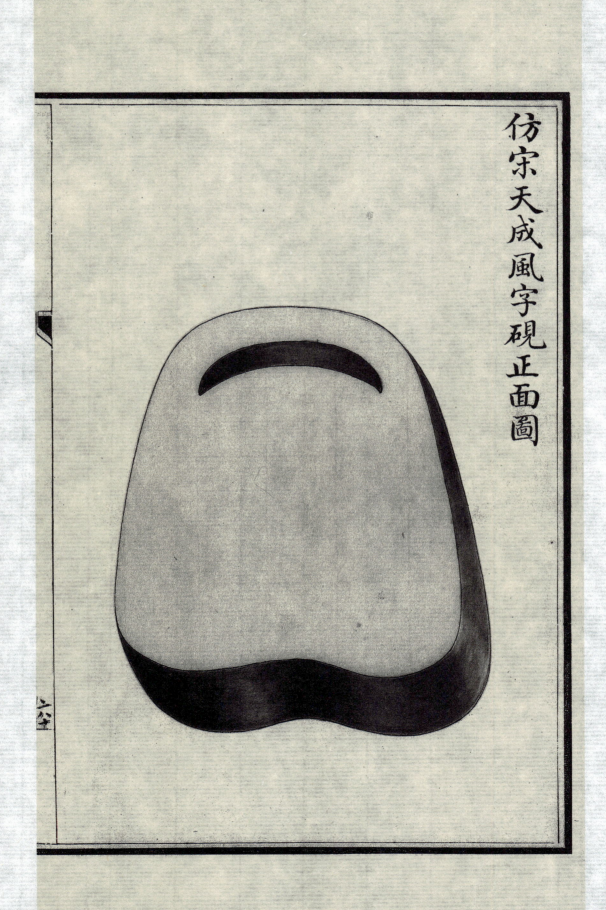

仿宋天成風字硯上方側面圖

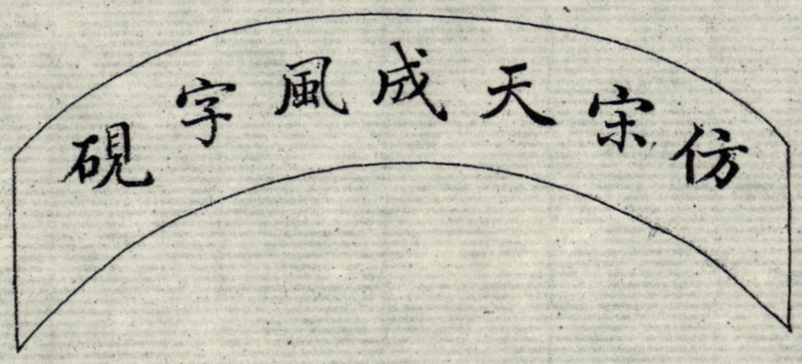

存宋殿而於旅獒玩物之訓尤三致意焉臣等循

誦紬繹仰見

大聖人心法治法蓋即小可以寓大云

御製仿宋天成風字研銘

庶徵有五風惟殿休咎之間聖象辨叶趙宋製斯風字

研曰時曰恒其義見濾沙得泥自絳縣爰倣厥式綈几

薦緗想歌薰萬民莫敢恃誇雄一已擅叶

欽定西清硯譜

倣魏興和甎硯 弘德殿

倣唐八稜澄泥硯 樂壽堂

倣唐菱鏡硯一 景福宮

倣唐菱鏡硯二 慎修思永

倣唐觀象硯 萬方安和

倣澄泥虎符伏硯 文源閣

倣宋宣和梁苑雕龍硯 養性殿

紫金石太平有象硯背面圖

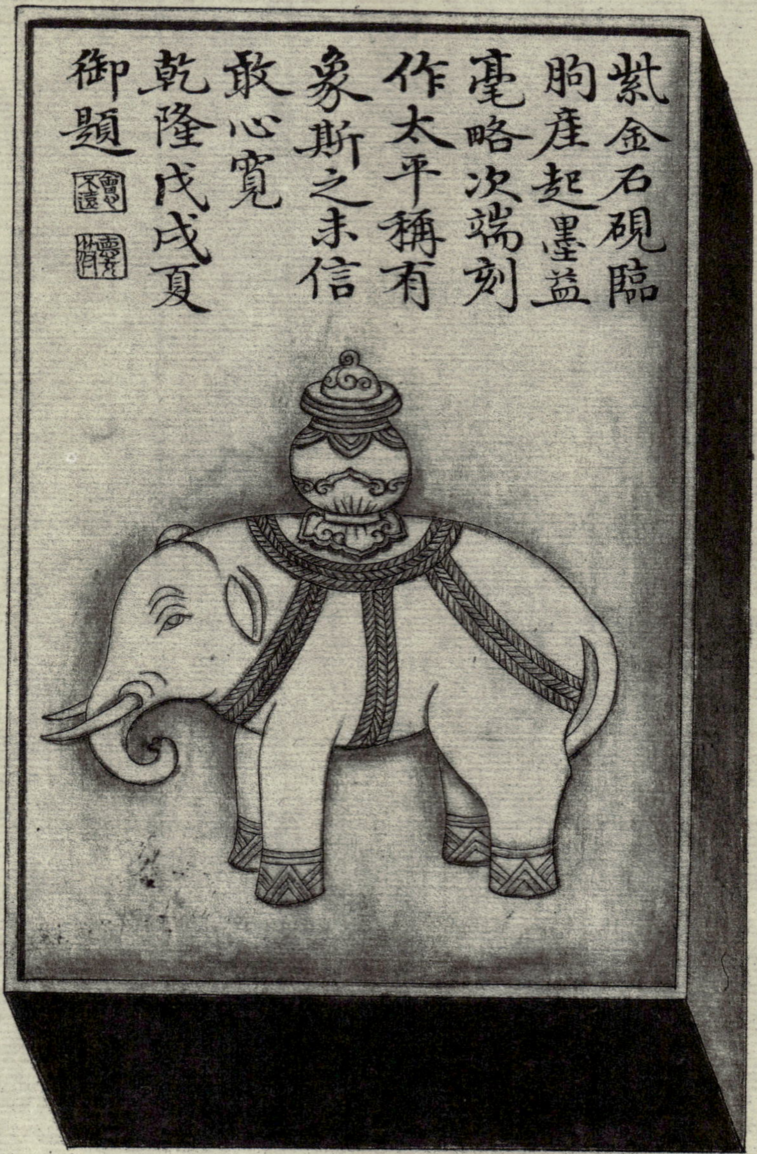
紫金石硯臨
朐産起墨益
毫略次端刻
作太平稱有
象斯之未信
敢心寬
乾隆戊戌夏
御題

如端歙又稱唐時競取為硯芒潤清響國初已乏

云云當由端歙既盛行採取者少故甚少流傳耳

是硯質理既佳琢製亦精堪備硯林一格

駝基石五螭硯背面圖

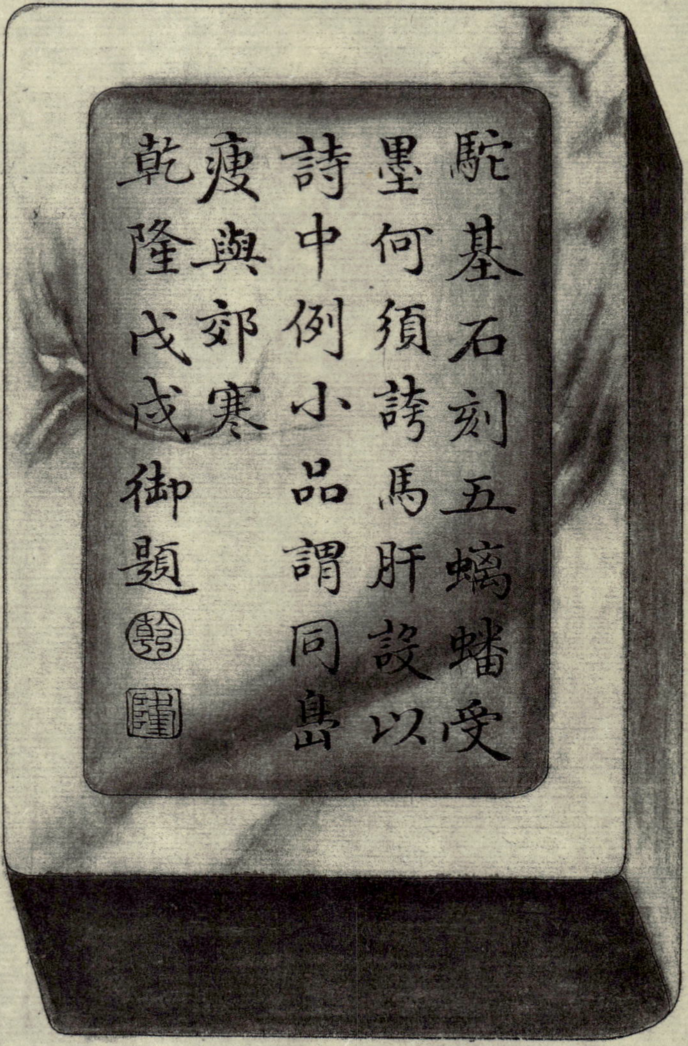

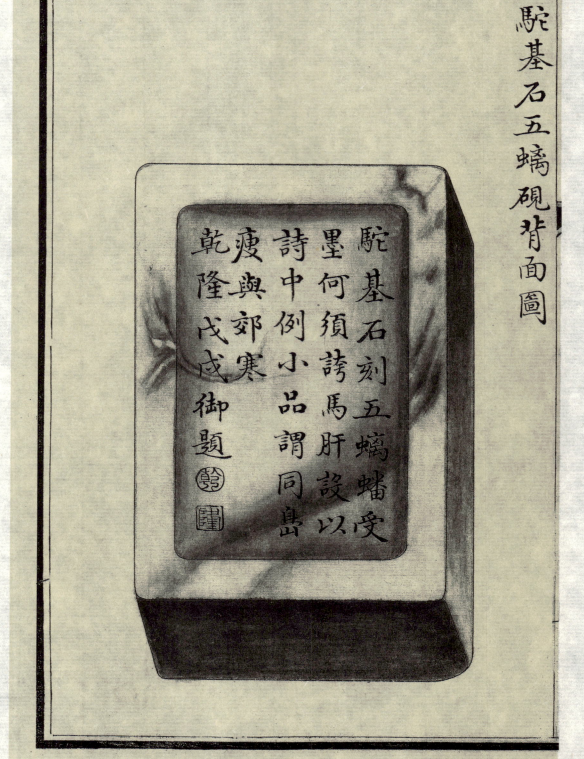

備硯林别品

紅絲石風字硯背面圖

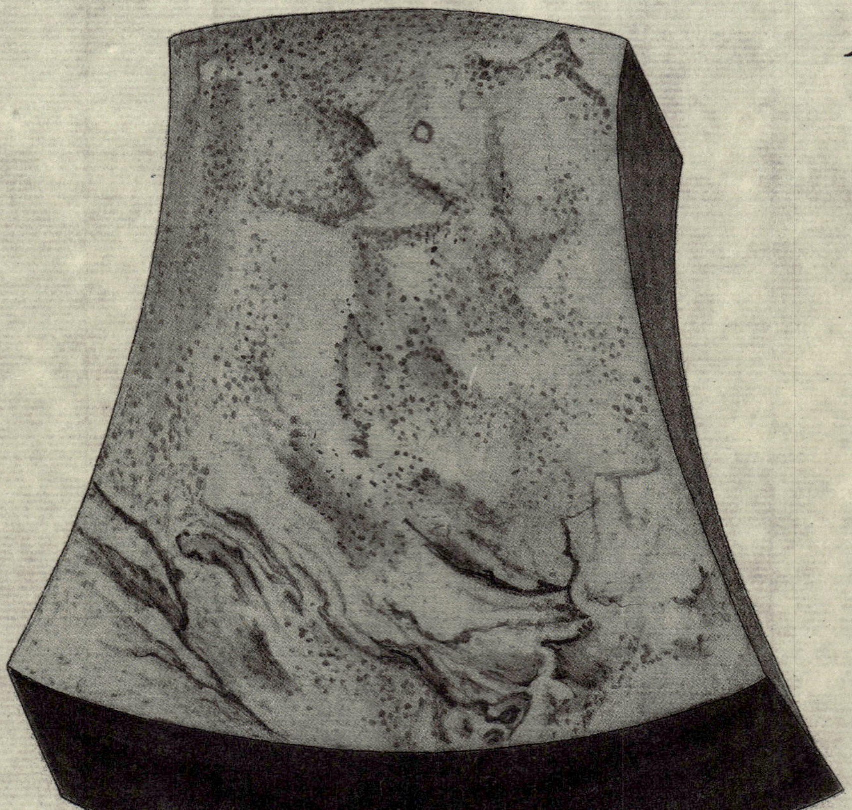

紅絲石風字硯說

硯高三寸八分上寬二寸四分下寬三寸八分厚七分臨朐紅絲石琢為風字形硯面寬平墨池深四分許式古雅而便染翰硯背正平無覆手下方側面鐫

御題銘一首楷書鈐寶一曰太璞匣蓋並鐫是銘隸書鈐寶二曰比德曰朗潤

紅絲石四直硯背面圖

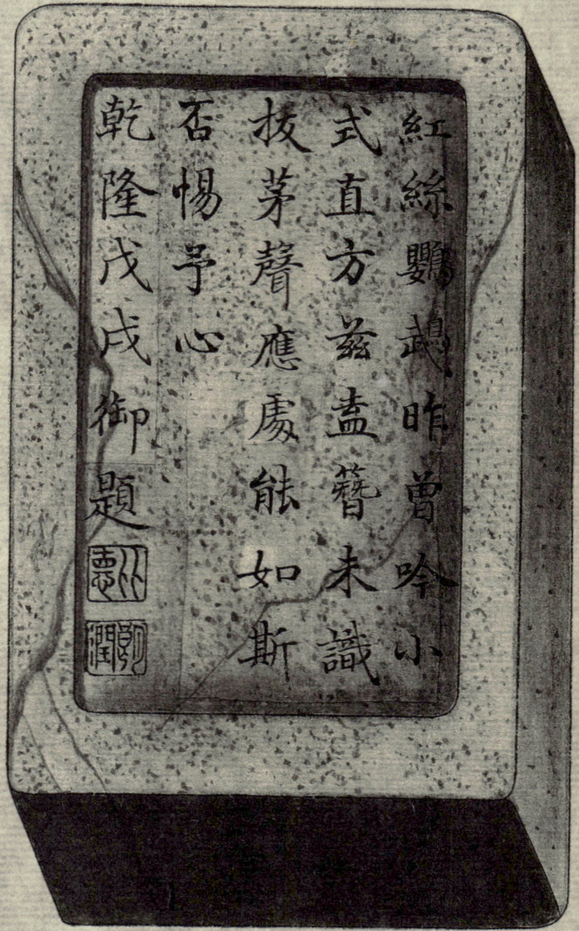

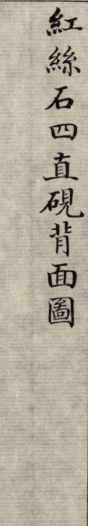

硯須飲水乃發墨云云似舊石久稀而宋時新製
稍嫌渴墨是硯雖非舊石而瑩潤宜墨文彩煥發
真文房佳器也

澄泥八方硯背面圖

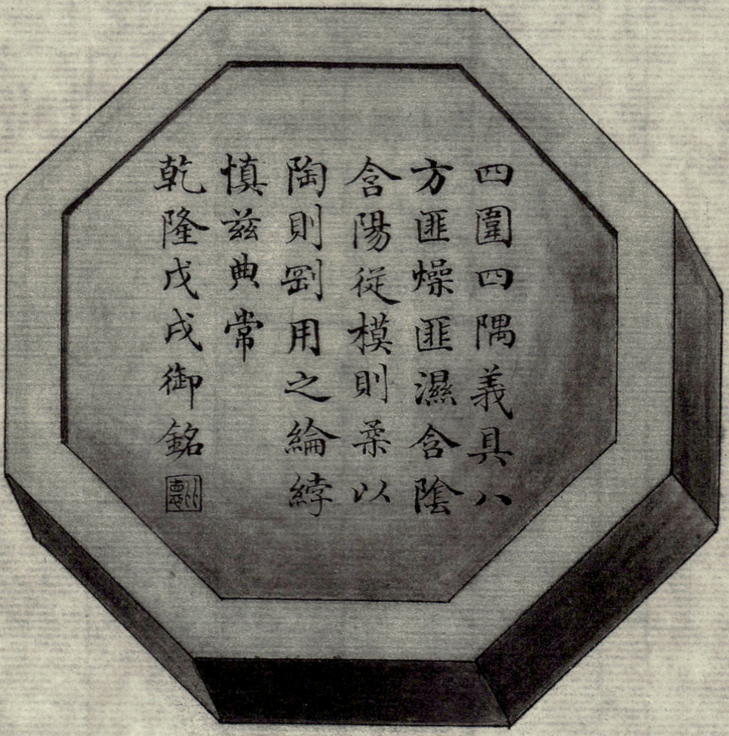
四圍四隅義具八
方匪燥匪濕含陰
含陽從模則柔以
陶則剛用之綸綍
慎兹典常
乾隆戊戌御銘

澄泥八方硯說

硯八稜體徑三寸五分稜徑三寸八分厚五分澄

泥為之澹黃色受墨處正平斜入墨池深二分許

上方側面鐫澄泥八方硯五字楷書覆手深一分

許中鐫

御題銘一首楷書鈐寶一曰比德匣蓋並鐫是銘隸書

鈐寶一曰德充符匣底內鐫乾隆御用外鐫澄

泥八方硯俱隸書

仿魏興和軌硯正面圖

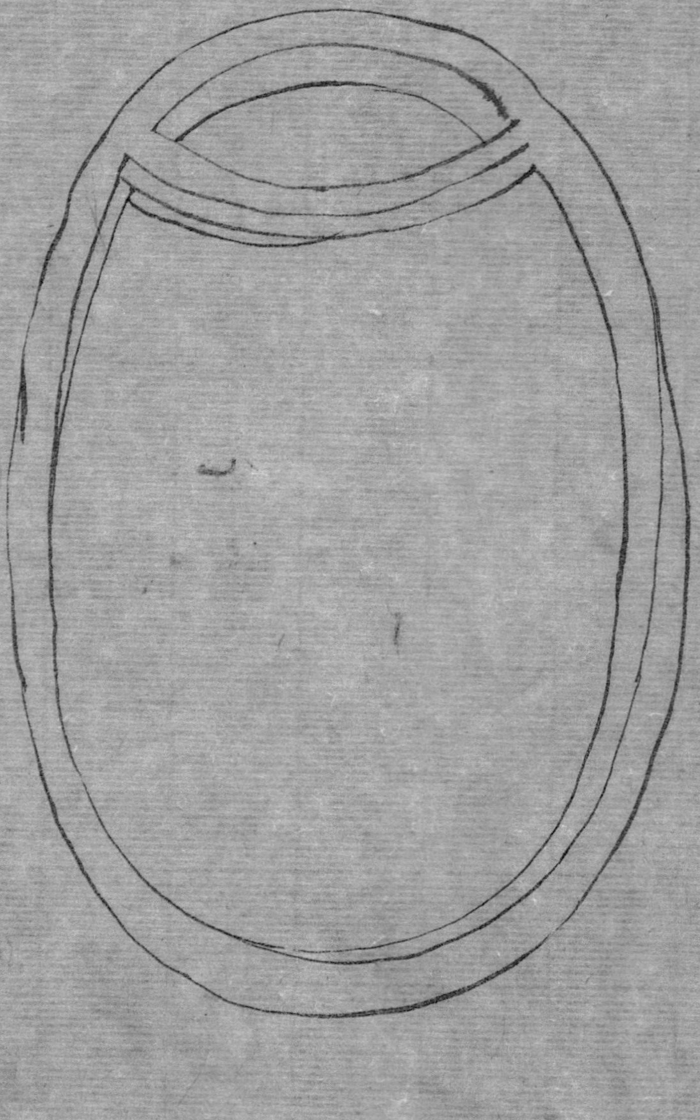

內府單抬

仿魏興和瓴硯說

硯高四寸四分寬二寸九分厚三分澄泥製橢圓式受墨處周刻邊線如瓶形鉼口為墨池深二分上方側鐫倣魏興和瓴硯六字楷書硯背鐫

御題銘一首楷書鈐寶二曰乾隆是硯蓋倣

內府舊藏瓴硯作而彼則外方內圜此則竟作瓶形且色如黃玉和之作金石聲真堪媲美匣蓋鐫

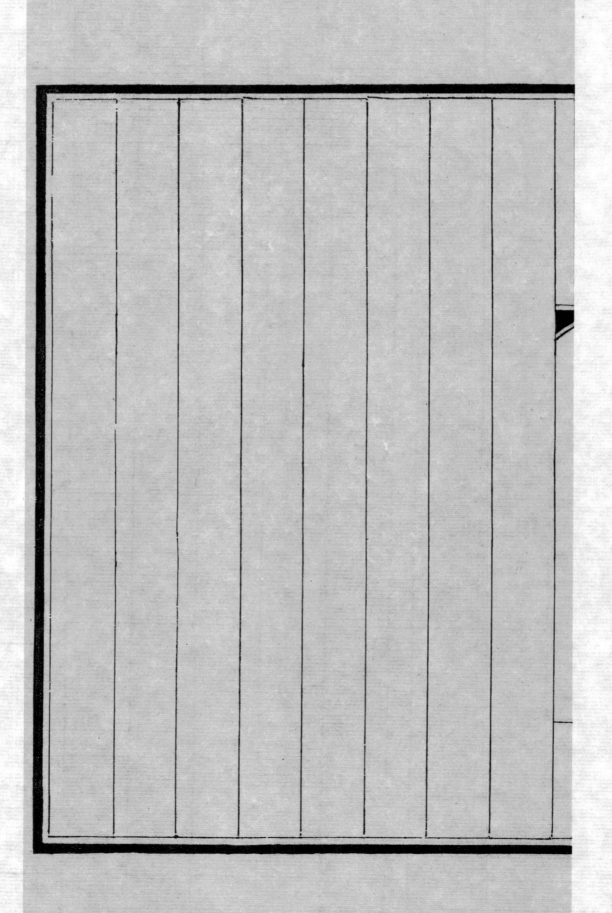

仿唐八稜澄泥硯背面圖

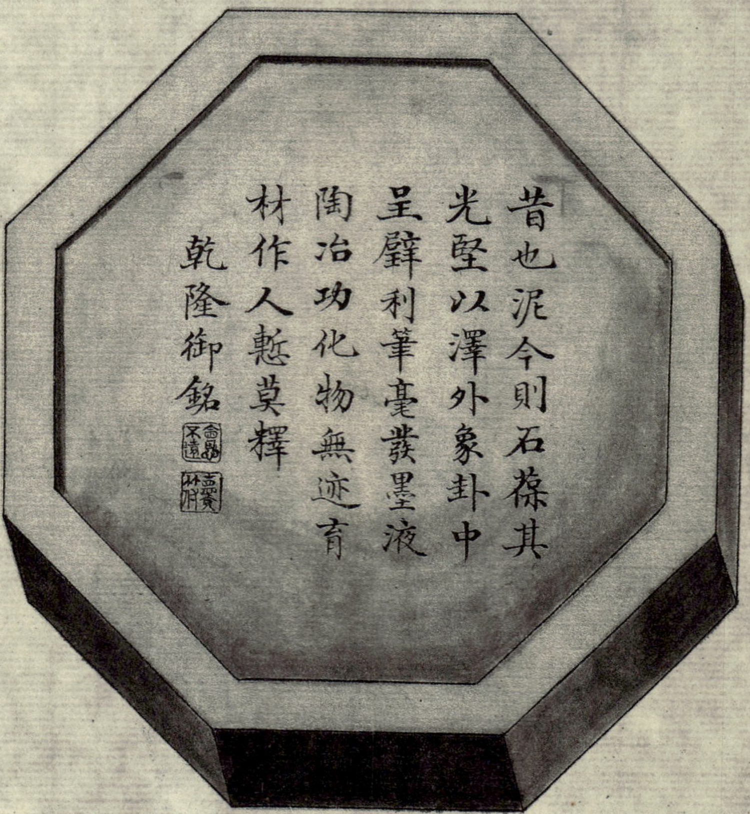

昔也泥今則石蓧其
光堅以澤外象卦中
呈璧利筆毫發墨液
陶冶功化物無迹育
材作人懋莫斁
乾隆御銘

仿唐八稜澄泥硯說

硯八稜體徑四寸一分稜徑四寸五分厚五分舊澄泥仿唐八稜硯式製色黃而質細溫潤如石受墨處中圓如月周環以渠深二分許外為八稜硯上首方側面鐫仿唐八稜澄泥硯七字楷書覆手亦八稜徼有鐵花紋中鐫

御題銘一首楷書鈐寶二曰會心不遠曰德充符匣蓋並環鐫是銘隸書鈐寶亦同匣底內鐫乾隆御用

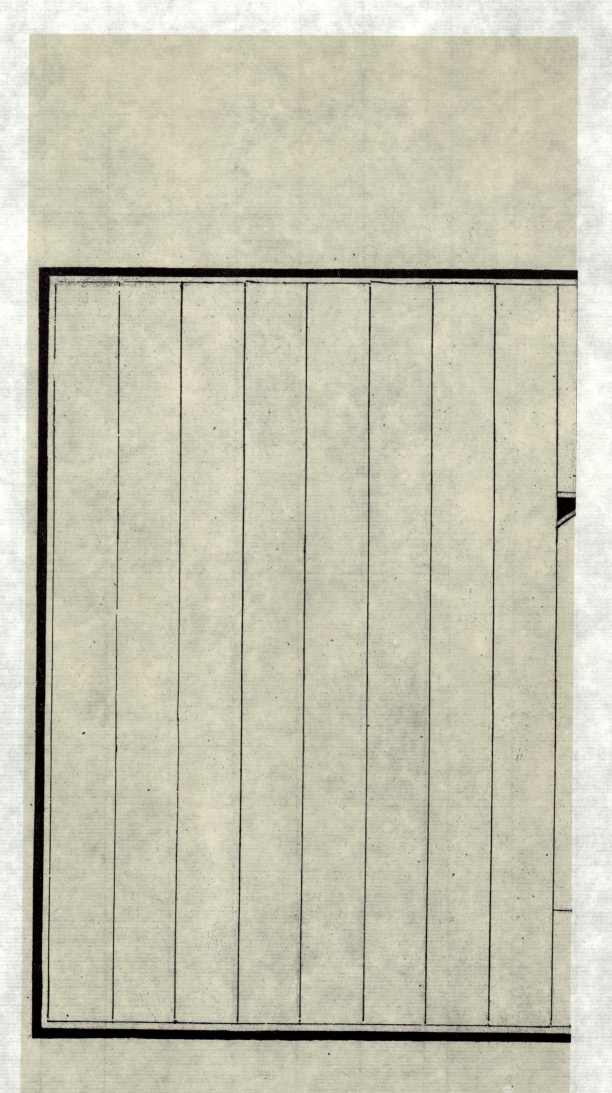

仿唐菱鏡硯背面圖

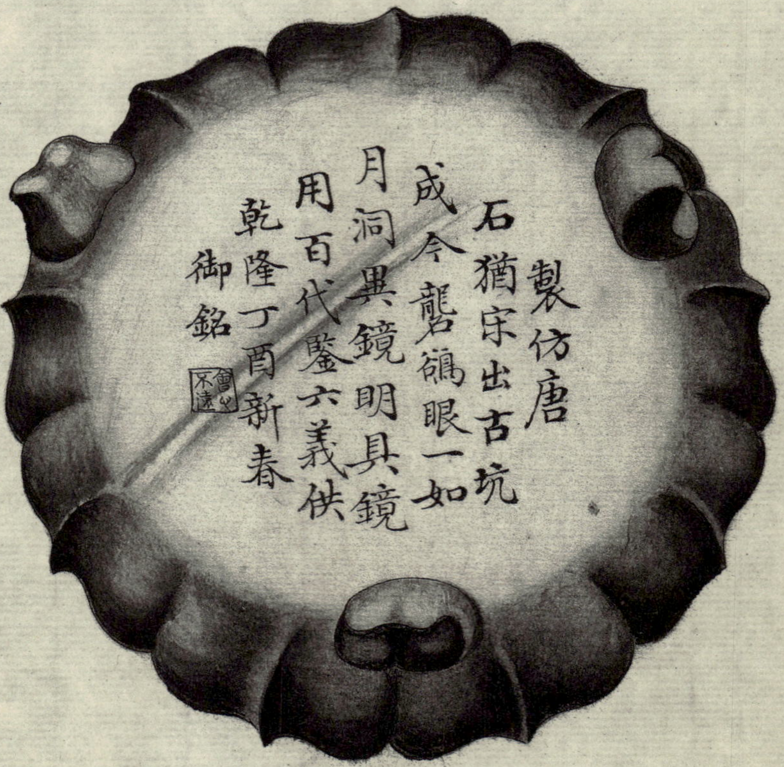
製仿唐
石猶宋出古坑
成今龍鴝眼一如
月洞異鏡明具鏡
用百代鑒六義供
乾隆丁酉新春
御銘
會心不遠

仿唐菱鏡硯背面圖

是硯并各為之銘兩美競爽並為文房佳品匣蓋
鐫
御題銘與硯同鈐寶一曰乾隆宸翰中鐫乾卦圓寶一
匣底鐫仿唐菱鏡硯五字楷書鈐寶一曰乾隆御
玩

仿唐觀象硯背面圖

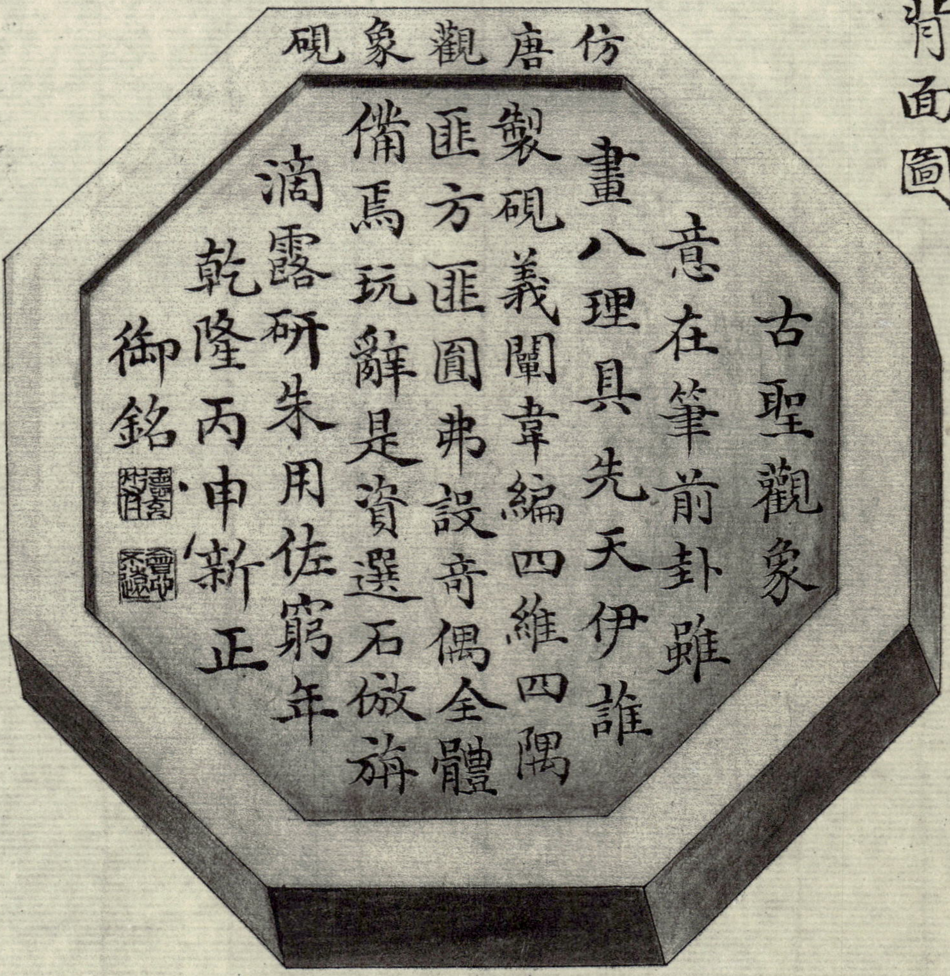
仿唐觀象硯
古聖觀象
意在筆前卦雖
畫八理具先天伊誰
製硯義闡韋編四維四隅
匪方匪圓弗設奇偶全體
備焉玩辭是資選石倣旃
滴露研朱用佐窮年
乾隆丙申新正
御銘

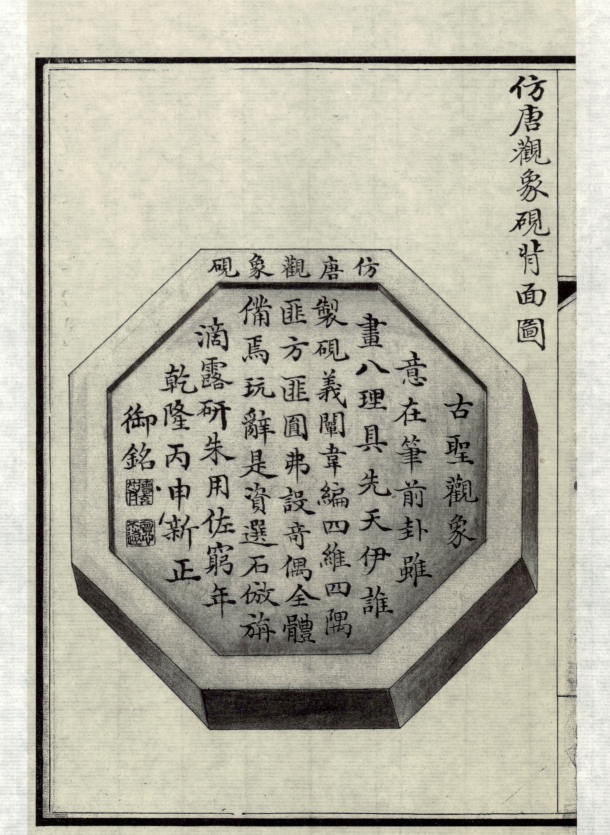

内府單招

是硯蓋仿内府舊藏唐觀象硯式作而尺度微小
厚亦減十分之六云

仿澄泥虎伏硯蓋內面圖

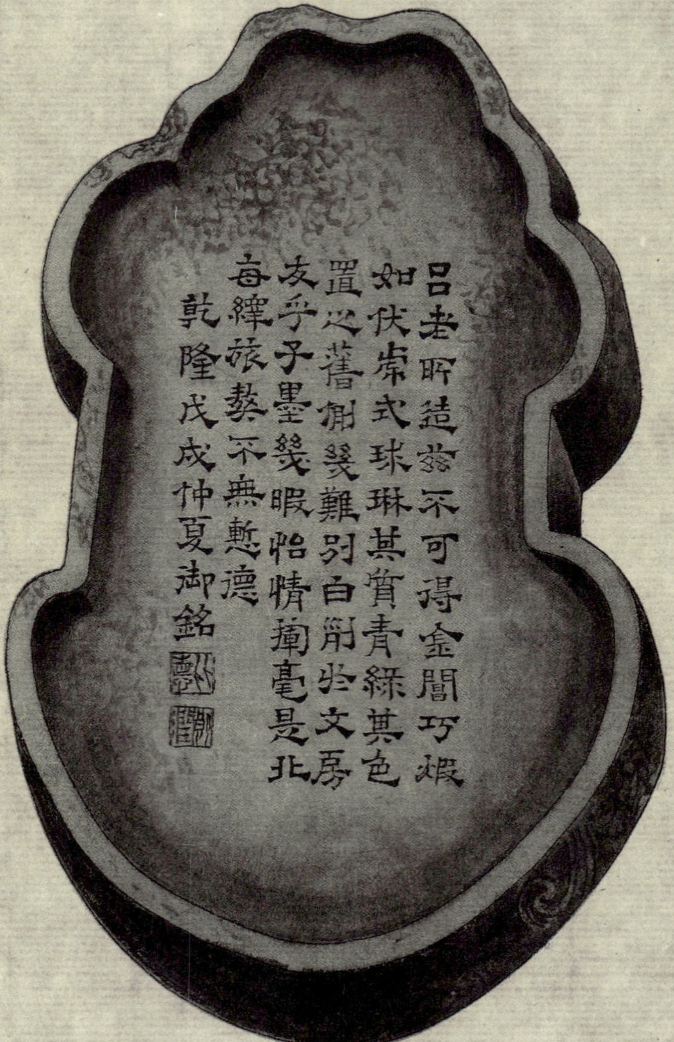
呂老所造蓋不可得金閶巧娘
如伏虎式球琳其質青綠其色
置之舊側幾難別白附於文房
友乎子墨幾暇怡情揮毫是北
毋緯旅獒不無慙德
乾隆戊戌仲夏御銘

仿澄泥虎伏硯背面圖

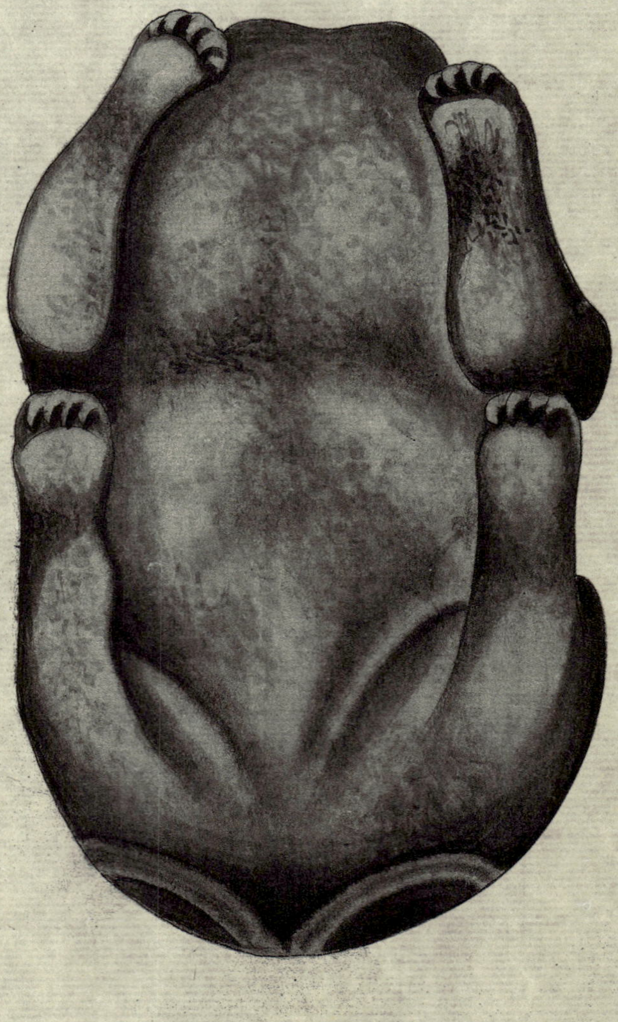

内府舊式

命吴中巧匠仿造進

御雖古藻稍遜而摹仿逼真質亦堅潤盖幾無虎賁中

郎之辨

仿宋宣和梁苑雕龍硯背面圖

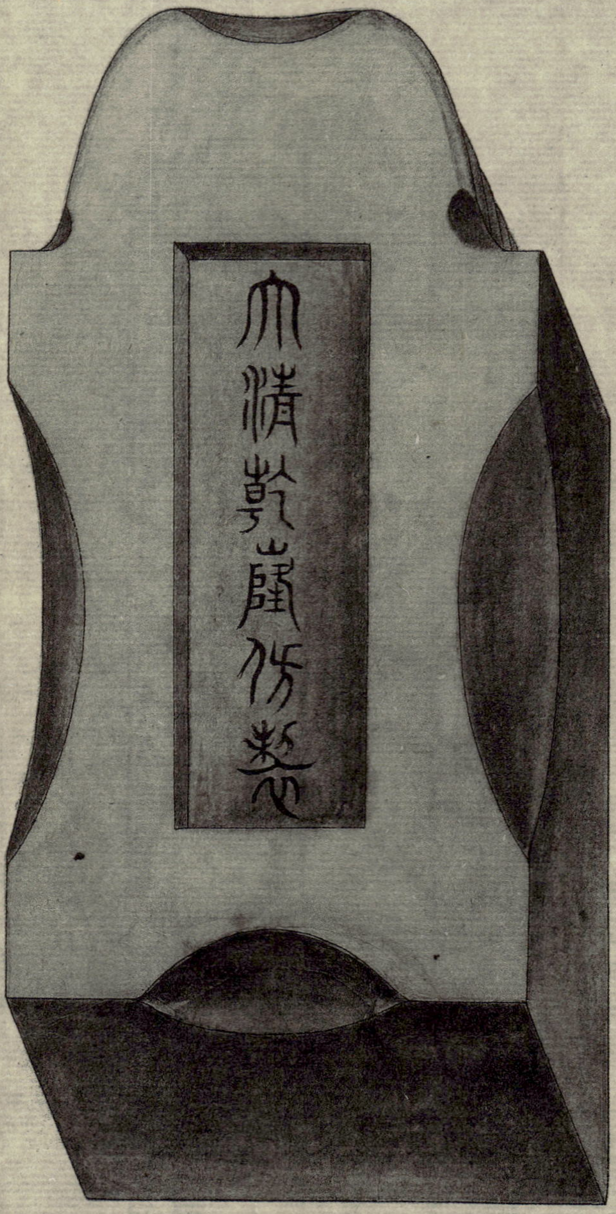

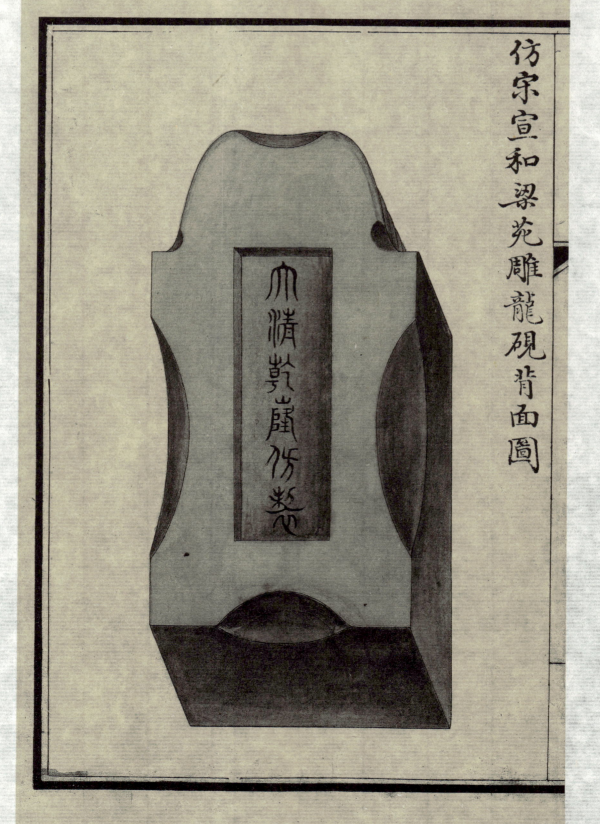

内府舊藏宋宣和梁苑雕龍硯一是硯仿式為之雕
鏤尺寸不爽銖黍惟舊銘從硯首右旋接下方側
面讀此處
御銘從下方側面右旋接硯首讀為稍異耳匣盖鐫
御題銘與硯同鈐寶二曰乾隆

欽定西清硯譜

倣宋德壽殿犀文硯

倣宋天成風字硯

倣古六硯 淳化軒

倣漢未央甎海天初月硯

倣漢石渠閣瓦硯

倣唐八稜澄泥硯

倣宋玉兔朝元硯

倣宋德壽殿犀文硯

仿漢未央瓴海天初月硯背面圖

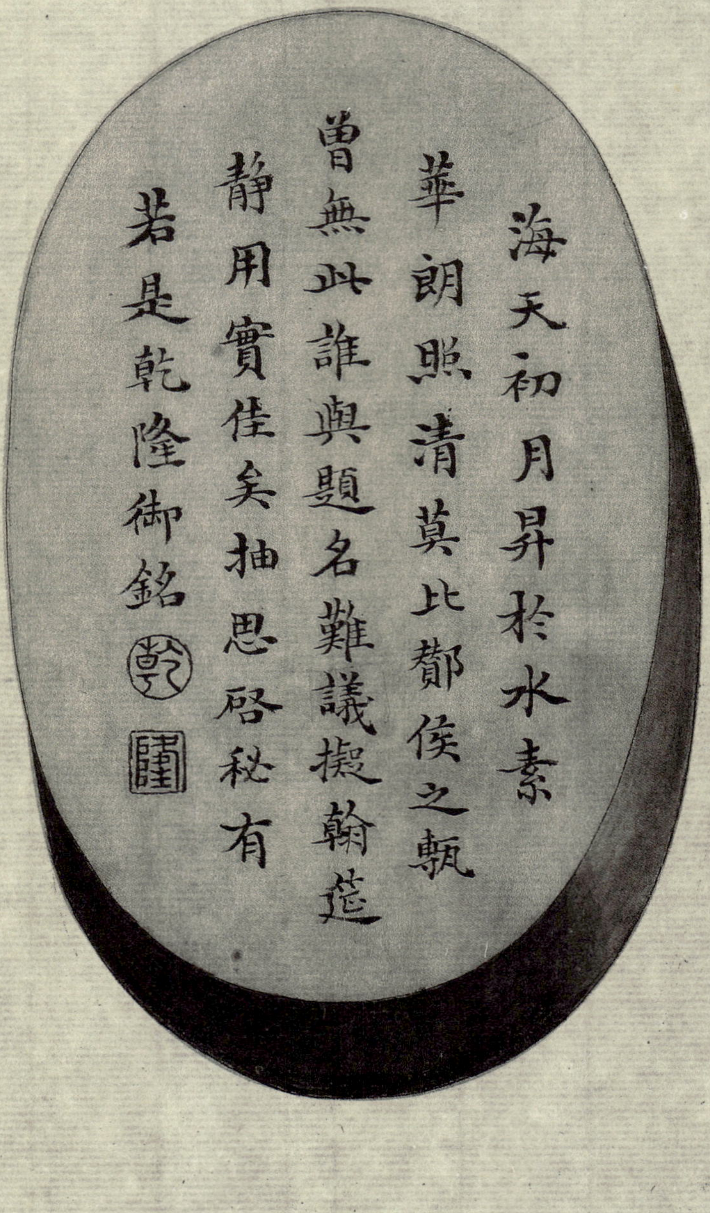

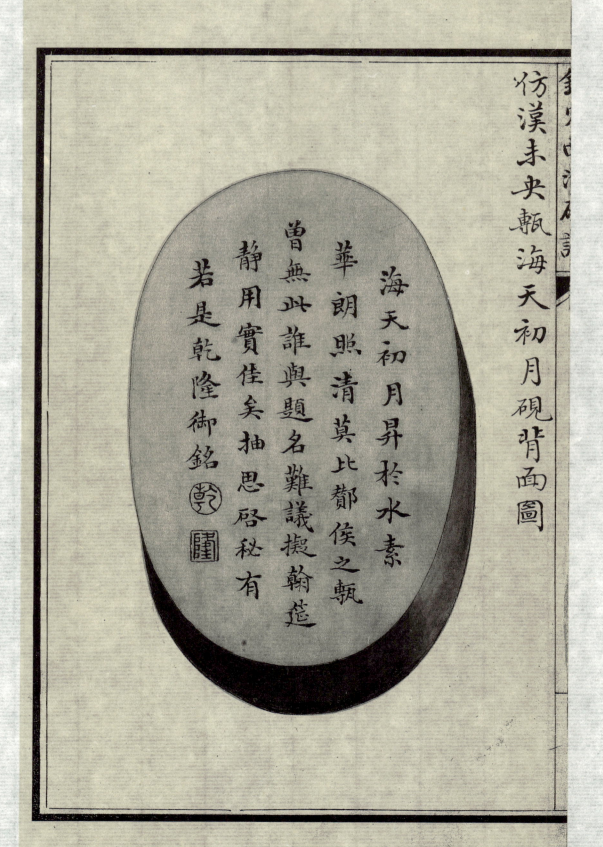

倣漢未央甎海天初月硯説

硯高四寸五分寬二寸九分端溪石色紫質潤楕圓式硯首墨池深四分狀如海月初升上方側鐫倣漢未央甎海天初月硯十字楷書硯背正平鐫

御題銘一首楷書鈐寶二曰乾隆考明高濂遵生八牋稱未央磚頭硯色黄黑扣之聲清而堅上有建安十五年字硯蓋倣此爲之而不摹建安十五年五字匣蓋外鐫倣漢未央甎海天初月硯十字内鐫

仿漢石渠閣瓦硯背面圖

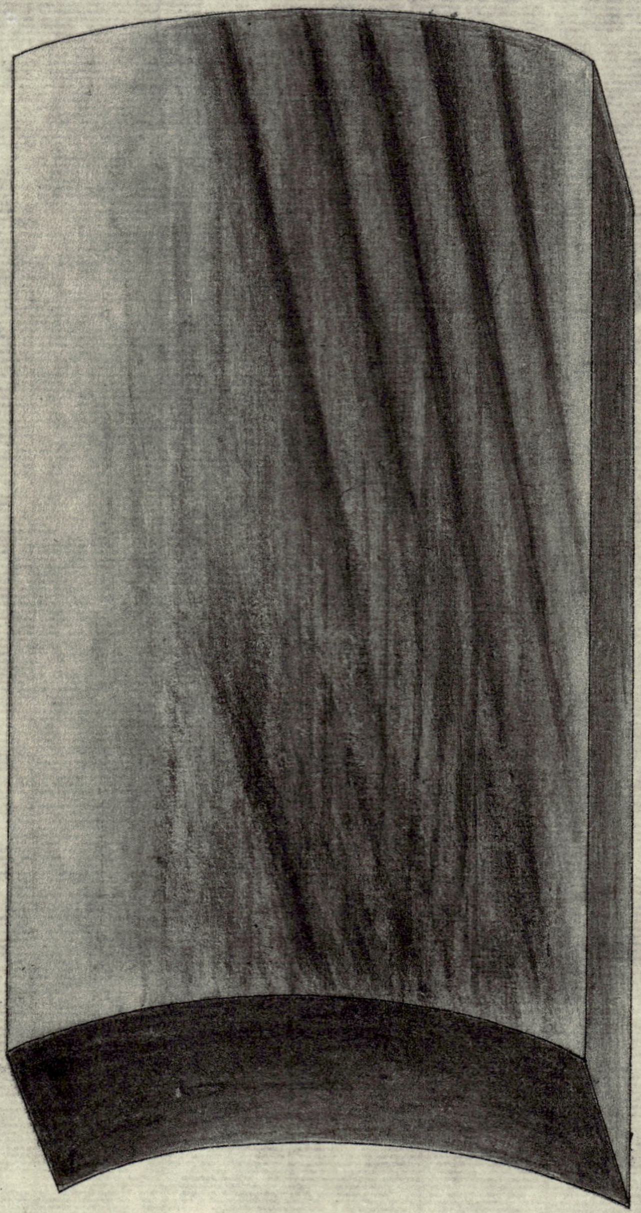

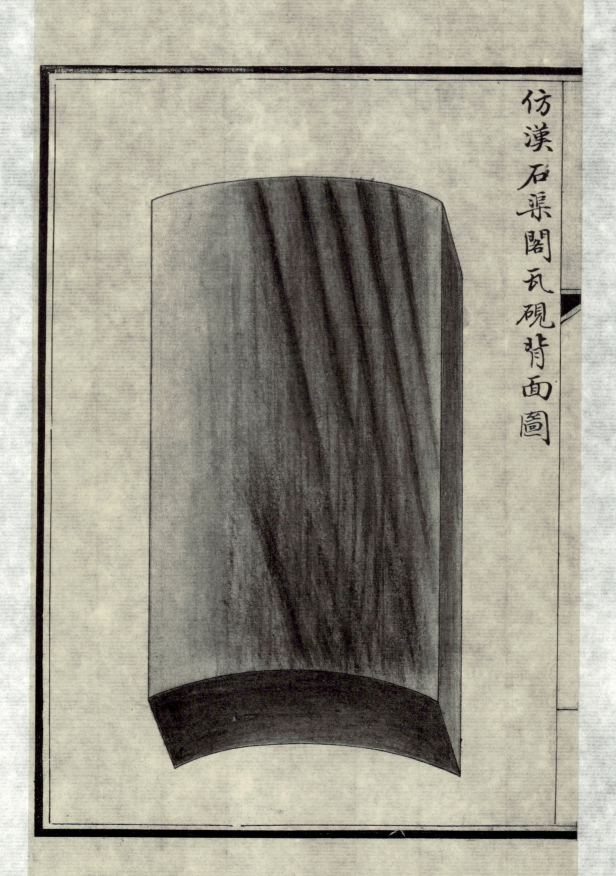

仿漢石渠閣瓦硯説

硯高四寸五分寬二寸六分厚七分歙溪舊石製為瓦形穹起受墨處圓如滿月上方鐫

御題銘一首楷書鈐寶一曰徵觀硯首側鐫仿漢石渠閣瓦硯七字楷書考明高濂遵生八牋載石渠閣瓦硯背篆石渠閣瓦四字硯上有銘質堅聲清傍書云嘉靖五年改製下有小印是硯易陶以石略仿形模無諸款識而銘自

仿唐八稜澄泥硯背面圖

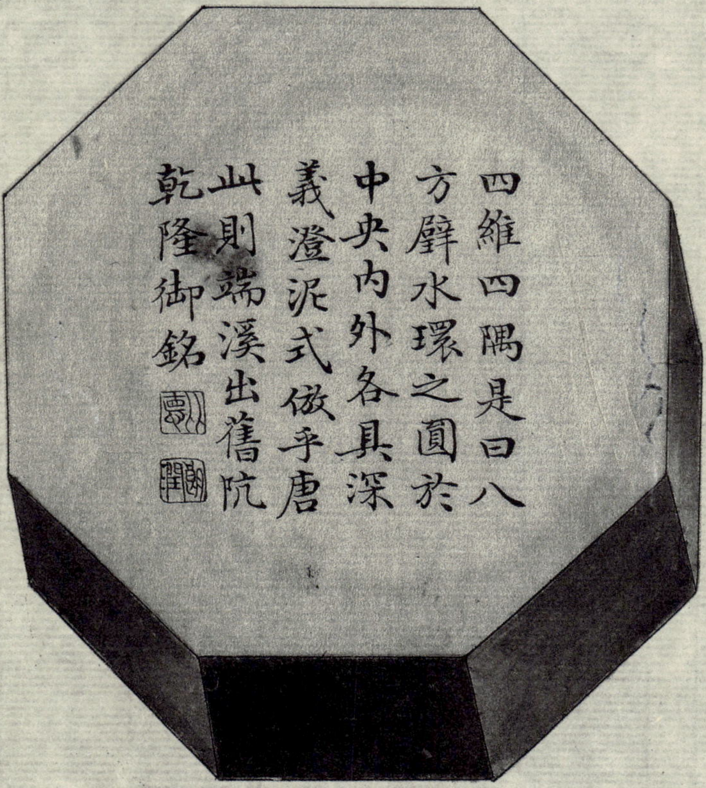
四維四隅是曰八
方辟水環之圓於
中央内外各具深
義澄泥式倣乎唐
此則端溪出舊阬
乾隆御銘

内府單栝

仿唐八稜澄泥硯説

硯八稜稜廣三寸二分徑二寸八分厚一寸一分許色青黑端溪舊坑石也受墨處正圓周環以池池外刻作波濤飛魚海馬形上方側面鐫仿唐八稜澄泥硯七字楷書硯背正平鐫

御題銘一首楷書鈐寶二曰比德曰朗潤是硯蓋仿内府舊藏八稜澄泥硯式而易以端溪佳石刻法精妙不減舊製匣蓋外鐫仿唐八稜澄泥硯七字内

仿宋玉兔朝元硯背面圖

仿宋玉兔朝元硯説

硯徑三寸二分厚七分歙溪眉子石製正圓如月

上方側鐫仿宋玉兔朝元硯七字楷書硯背覆手

内刻月輪顧兔周鐫

御題銘一首楷書鈐寶一曰會心不遠考明高濂遵生

八牋稱細羅紋刷絲歙硯面有蔥色兔月二像巧

若畫成更無凹凸真五代前物傍刻建中靖國元

年改製是硯眉子紋深淺隱躍所刻玉兔朝元形

仿宋德壽殿犀紋硯背面圖

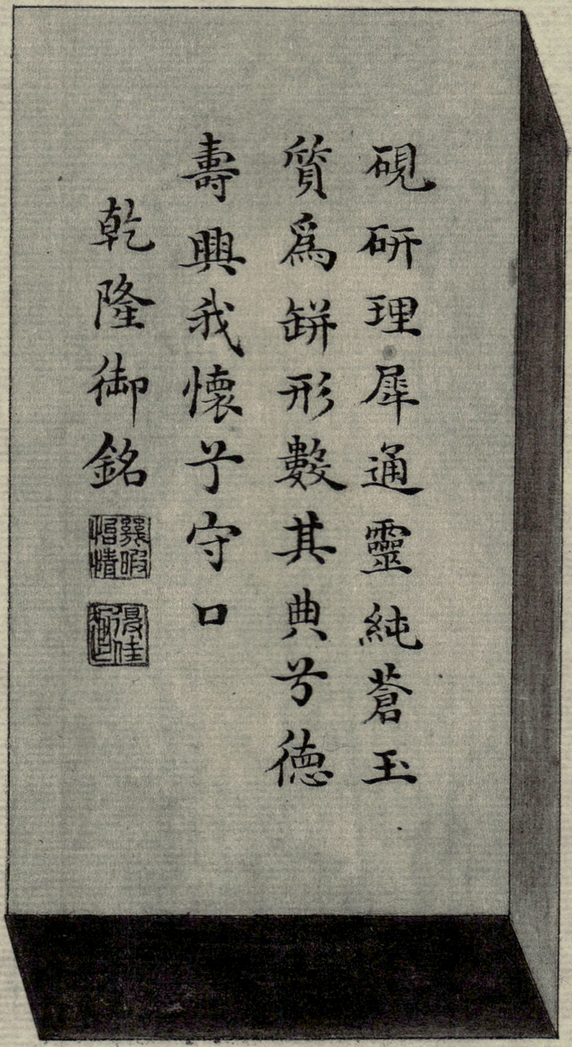

倣宋德壽殿犀紋硯說

硯高四寸二分寬二寸三分厚六分長方式石色深黑歙阬之佳者面週刻犀紋中受墨處為瓶式瓶口為墨池深二分上方側鐫倣宋德壽殿犀紋硯八字楷書硯背正平鐫

御題銘一首楷書鈐寶二曰幾暇怡情曰得佳趣考明高濂遵生八牋稱天生石面儼肖犀紋毫無雕琢後刻德壽殿字下有御押印文曰德壽殿書寶是

仿宋天成風字硯背面圖

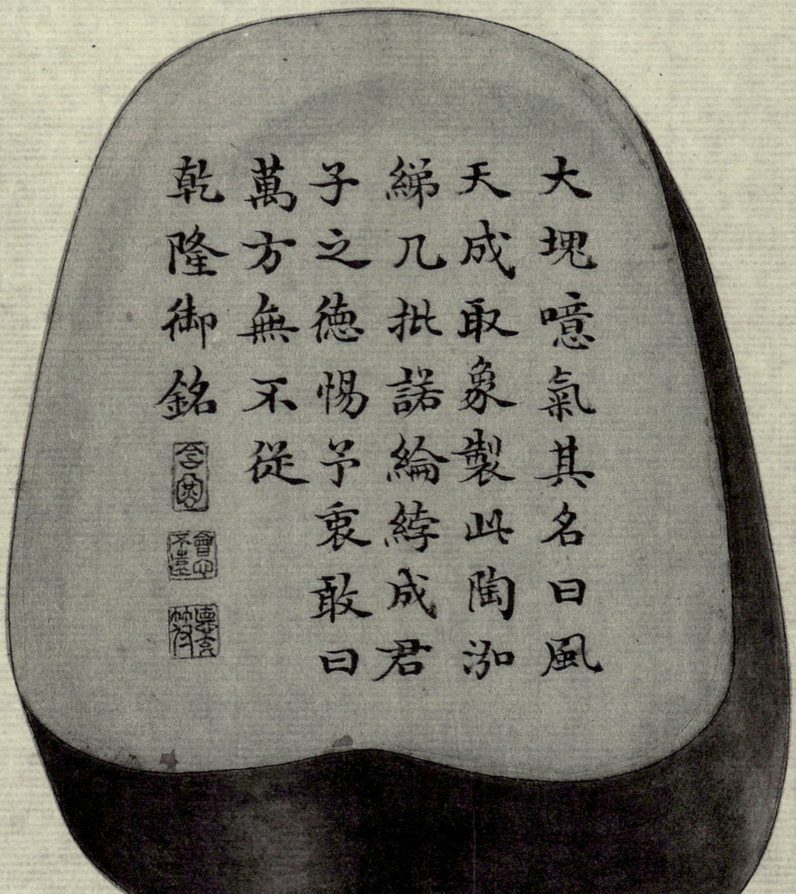
大塊噫氣其名曰風
天成取象製此陶泑
綈几批諾綸綍成君
子之德惕予衷敢曰
萬方無不從
乾隆御銘

仿宋天成風字硯説

硯高三寸五分上寬二寸四分下寬三寸三分厚八分舊坑歙石也風字式面正平墨池作偃月形深二分上方側鐫仿宋天成風字硯七字楷書硯背鐫

御題銘一首楷書鈐寶三曰含輝曰會心不遠曰德充符考明高濂遵生八牋稱宋硯係蒼玉一塊渾成風字形上平下瓦穹起捧手磨處微凹雖巧匠無

天章且屢
命仿造石友六君接軫
文囿真藝林不朽盛事云

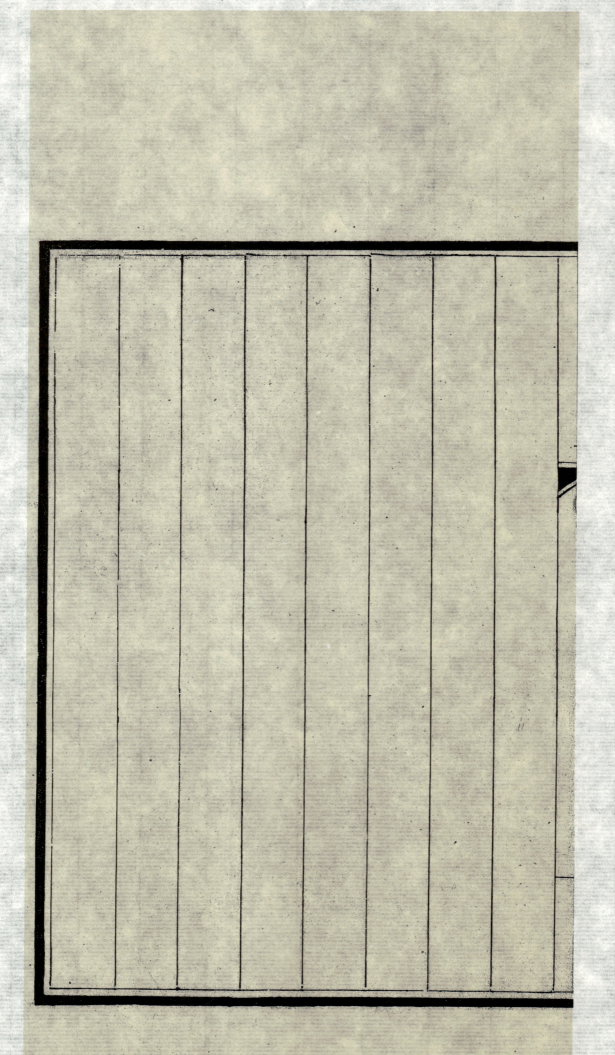

仿漢未央甎海天初月硯背面圖

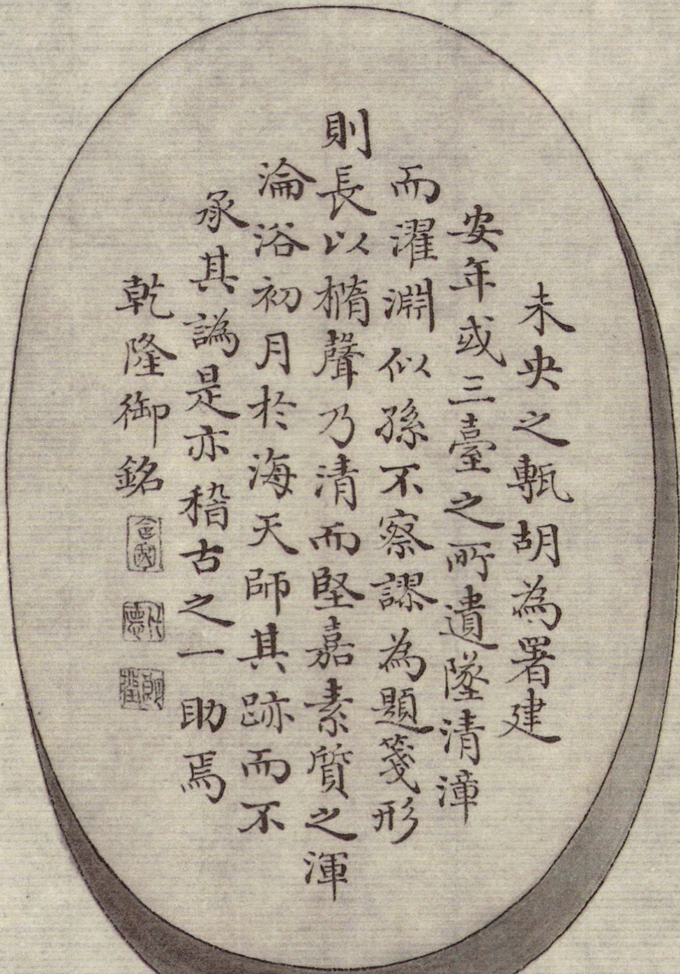

仿漢未央甎海天初月硯說

硯以歙石為之形體尺度並與澄泥仿製同上方側面鐫仿漢未央甎海天初月硯十字楷書硯背鐫

御題銘一首楷書鈐寶三曰含輝曰比德曰朗潤匣蓋並鐫是銘隸書鈐寶二曰比德曰朗潤匣底內鐫

乾隆御用外鐫仿漢未央甎海天初月硯十字並隸書謹案明高濂遵生八箋既稱舊硯上有建安

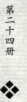

仿漢石渠閣瓦硯背面圖

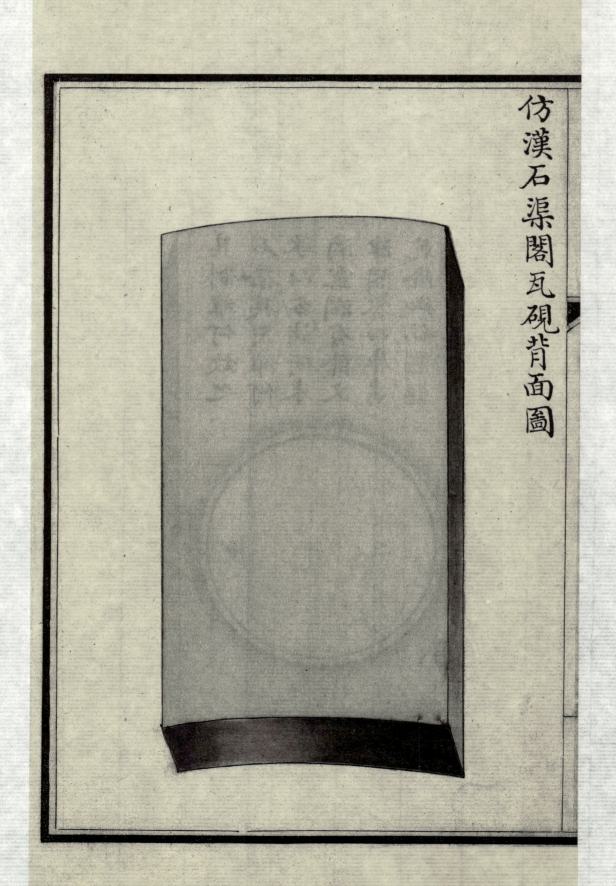

仿漢石渠閣瓦硯說

硯以歙石為之形體尺度亦與澄泥仿製同上方側面鐫仿漢石渠閣瓦硯七字楷書硯面上方鐫
御題銘一首楷書鈐寶二曰比德曰朗潤匣蓋並鐫是銘隸書鈐寶同匣底内鐫乾隆御用四字外鐫仿漢石渠閣瓦硯七字並隸書

仿唐八稜澄泥硯背面圖

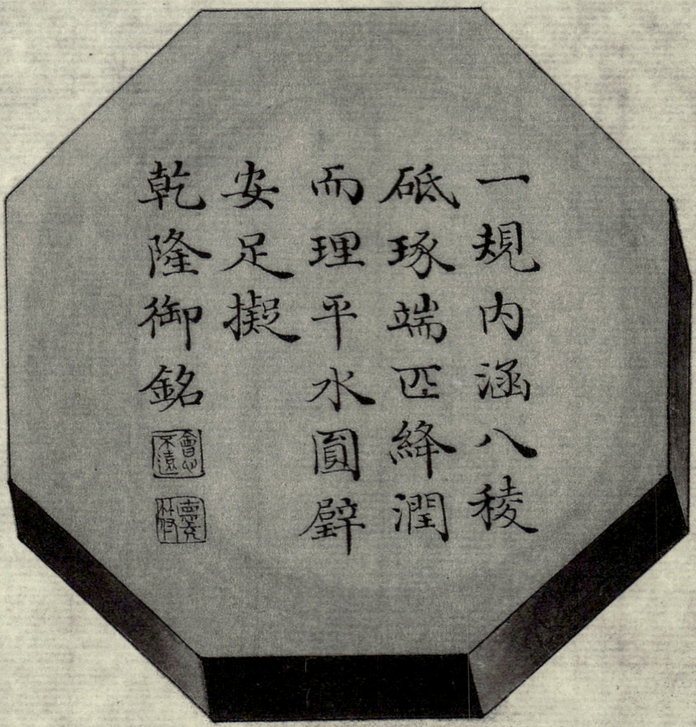
一規内涵八稜
砥琢端亞絳潤
而理平水圓辟
安足擬
乾隆御銘

仿唐八棱澄泥硯說

硯以端石為之形體尺度並與澄泥（舊石）仿製同上方側面鐫倣唐八棱澄泥硯七字楷書硯背鐫

御題銘一首楷書鈐寶二曰會心不遠曰德充符匣蓋並鐫是銘隸書鈐寶同匣底內鐫乾隆御用四字外鐫仿唐八棱澄泥硯七字並隸書

仿宋玉兔朝元硯背面圖

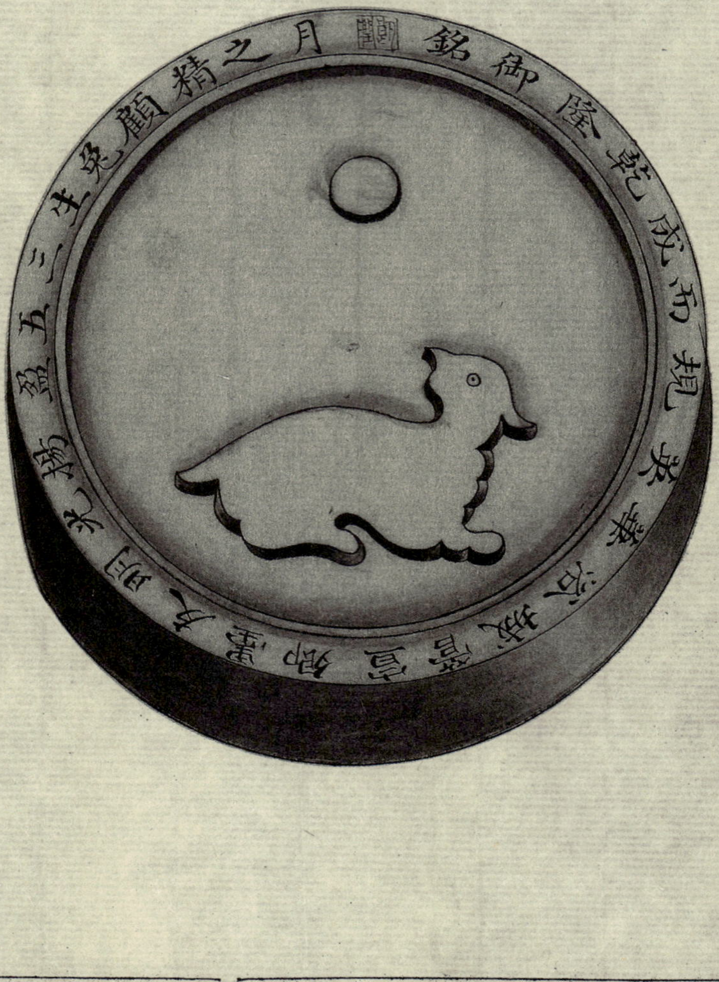

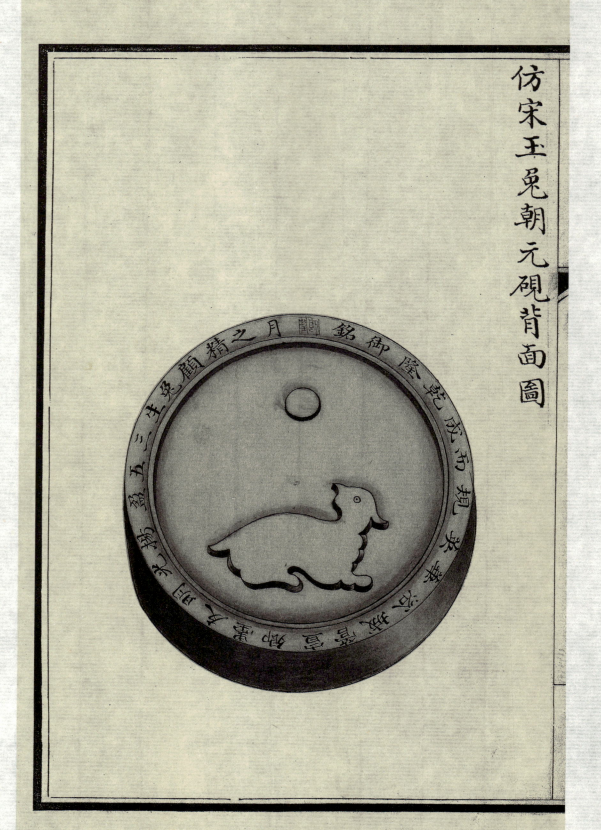

仿宋玉兔朝元硯説

硯以歙石為之形體尺度並與澄泥仿製同上方側面鐫仿宋玉兔朝元硯七字楷書覆手仿刻月輪頤兔形渾成光緻硯跗周鐫

御題銘一首楷書鈐寶一曰朗潤匣蓋並鐫是銘隸書鈐寶二曰會心不遠曰德充符匣底内鐫乾隆御用四字外鐫仿宋玉兔朝元硯七字並隸書

倣宋德壽殿犀紋硯背面圖

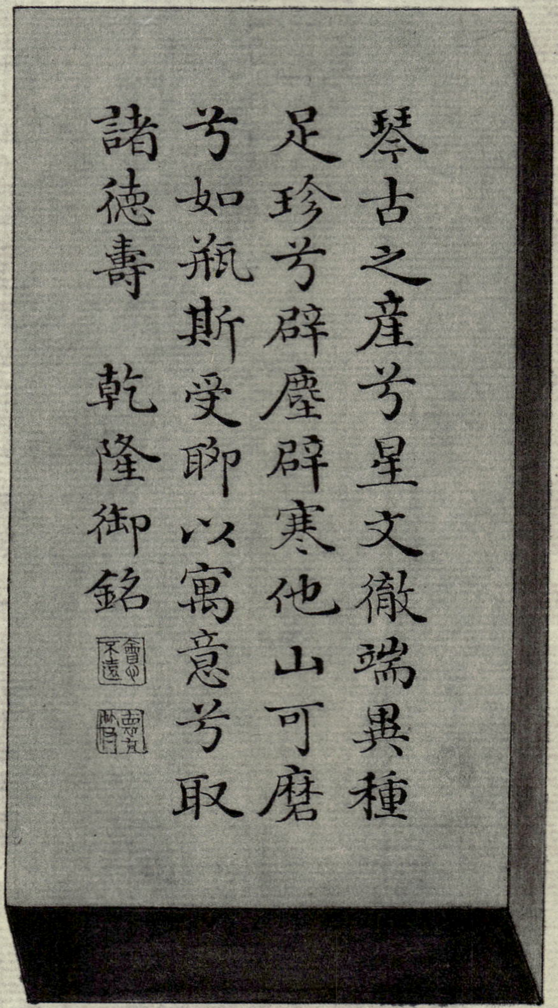
琴古之產兮星文徹端異種
足珍兮辟塵辟寒他山可磨
兮如瓶斯受聊以寓意兮取
諸德壽
乾隆御銘

仿宋德壽殿犀文硯說

硯以歙石為之形體尺度並與澄泥（舊石）仿製同上方側面鐫仿宋德壽殿犀文硯八字楷書硯背鐫

御題銘一首楷書鈐寶二曰會心不遠曰德充符匣蓋並鐫是銘隸書鈐寶同匣底內鐫乾隆御用（四字）外鐫仿宋德壽殿犀紋硯八字並隸書

仿宋天成風字硯背面圖

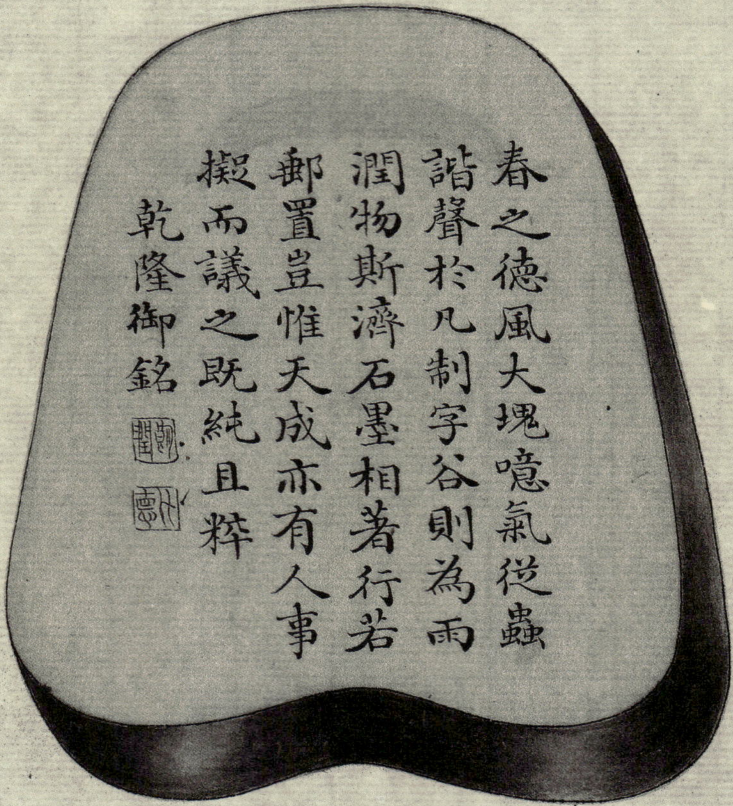
春之德風大塊噫氣從蟲
諧聲於凡制字谷則為雨
潤物斯濟石墨相著行若
郵置豈惟天成亦有人事
擬而議之既純且粹
乾隆御銘

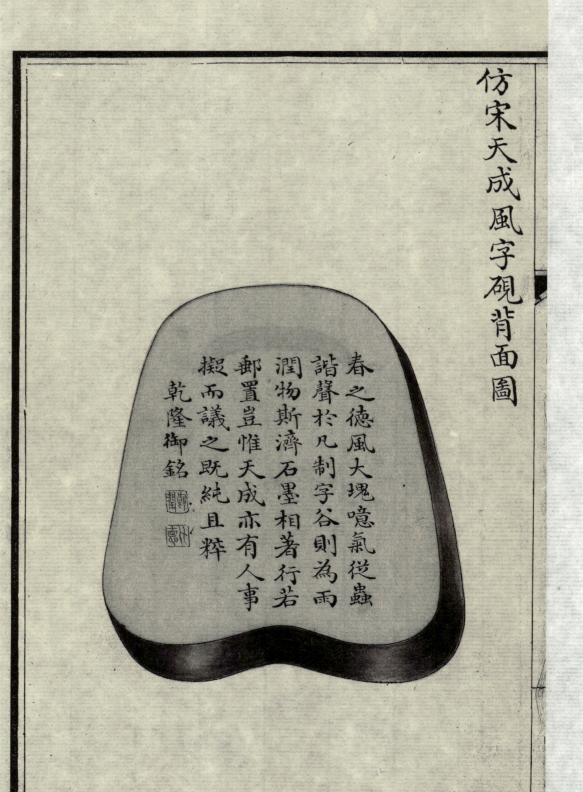

仿宋天成風字硯說

硯以歙石為之形體尺度並與澄泥仿製同上方
側面鐫仿宋天成風字硯七字楷書硯背鐫
御題銘一首楷書鈐寶二曰朗潤曰比德匣蓋並鐫是
銘隸書鈐寶同匣底內鐫乾隆御用外鐫仿宋天
成風字硯七字並隸書

謹案以上六硯並擇
內府舊藏佳石仿古作之式既古雅製復精妙與別

仿漢未央瓴海天初月硯背面圖

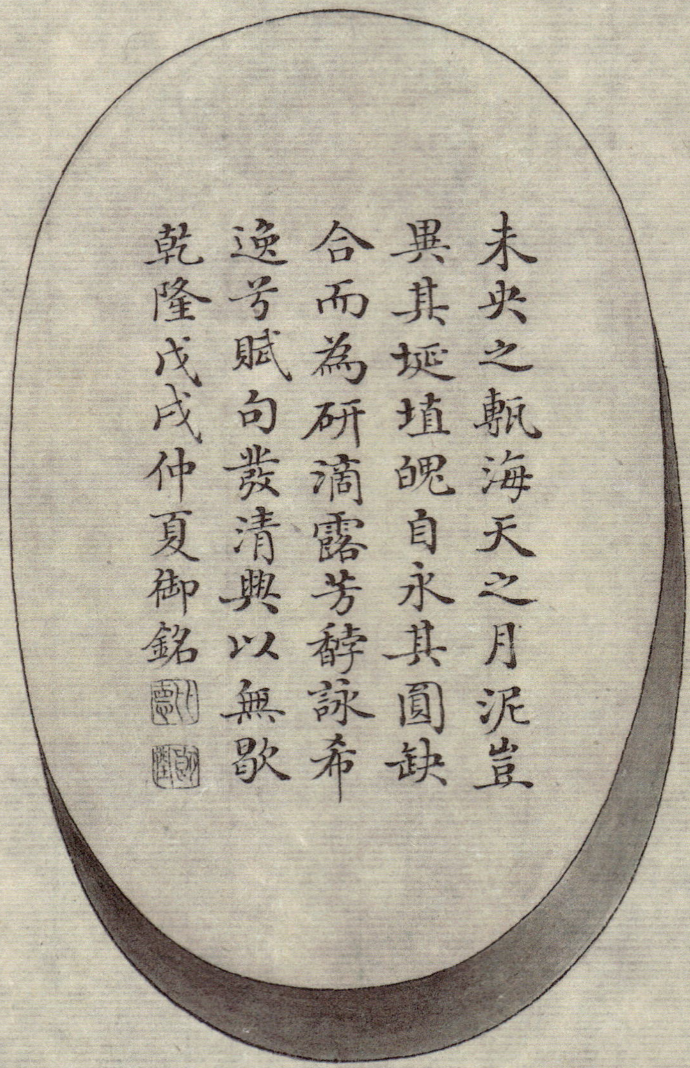

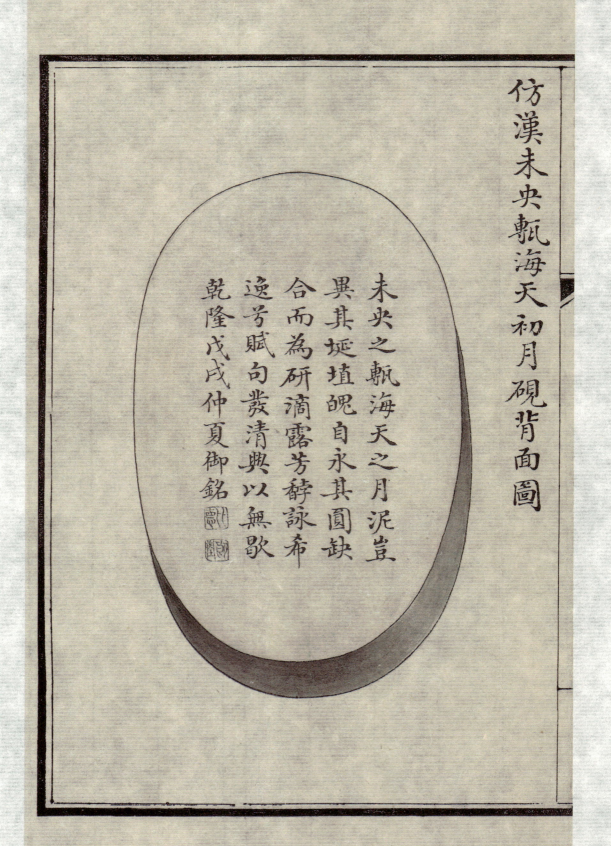

仿漢未央甎海天初月硯說

硯係澄泥製形體尺度並與端石仿製硯同上方側亦鐫仿漢未央甎海天初月硯十字楷書硯背鐫

御題銘一首亦楷書鈐寶二曰比德曰朗潤匣蓋並鐫是銘隸書鈐寶二曰乾隆

仿漢石渠閣瓦硯背面圖

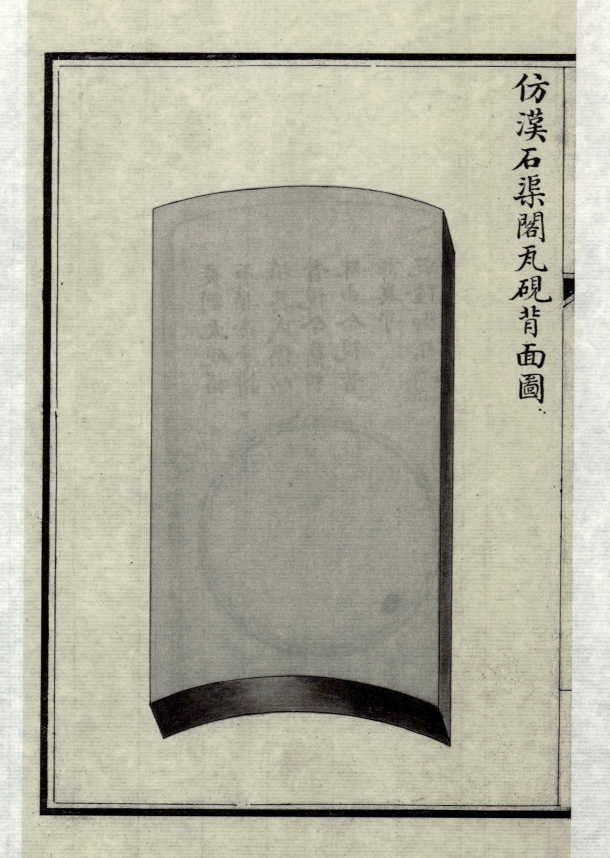

仿漢石渠閣瓦硯説

硯係澄泥製形體尺度與舊歙溪石仿製硯同上方側亦鐫仿漢石渠閣瓦硯七字楷書硯面上方鐫

御題銘一首楷書鈐寶一曰比德匣蓋並鐫是銘隸書鈐寶二曰古香曰太璞

仿唐八稜澄泥硯背面圖

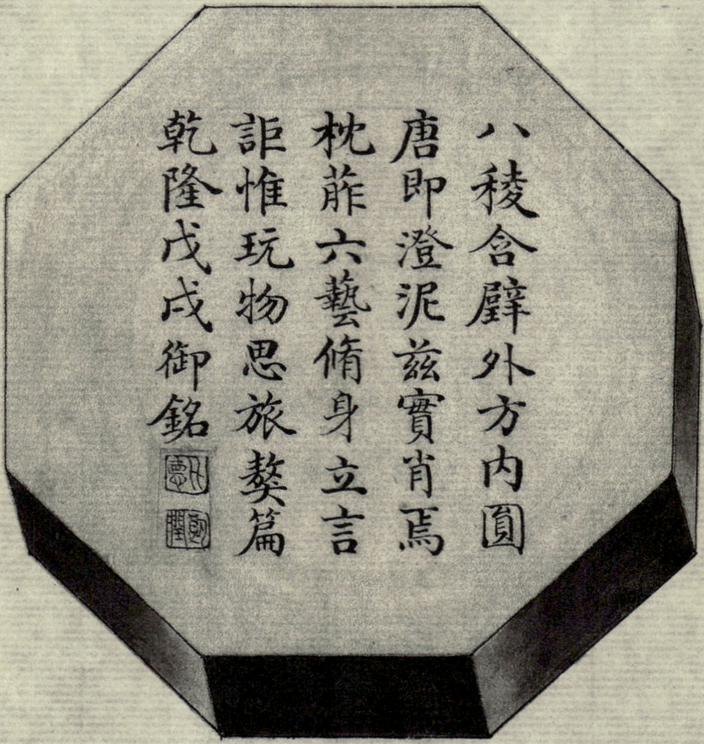
八稜含辟外方内圓
唐即澄泥茲實肖焉
枕葄六藝脩身立言
詎惟玩物思旅獒篇
乾隆戊戌御銘

仿唐八稜澄泥硯說

硯形體尺度與端溪舊坑石倣製硯同而質係澄

泥尤與唐舊式相肖上方側面亦鐫仿唐八稜澄

泥硯七字楷書硯背鐫

御題銘一首楷書鈐寶二曰比徳曰朗潤匣盖並鐫是

銘隸書鈐寶二曰乾隆

仿宋玉兔朝元硯背面圖

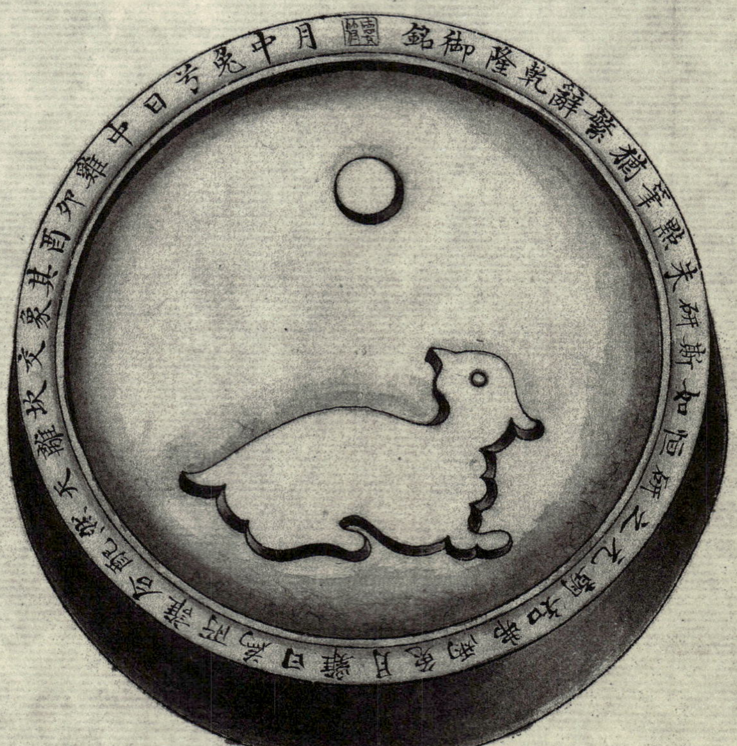

仿宋玉兔朝元硯說

硯係澄泥製形體尺度與歙溪眉子石仿製硯同而覆手内月輪顧兔模范天成雖不能如宋硯之天然巧色更無凹凸而較彼出自刻琢者稍覺渾樸上方側亦鐫仿宋玉兔朝元研七字楷書硯跗周鐫

御題銘一首楷書鈐寶一曰德充符匣蓋並鐫是銘隸書鈐寶二曰乾隆

仿宋德壽殿犀文硯背面圖

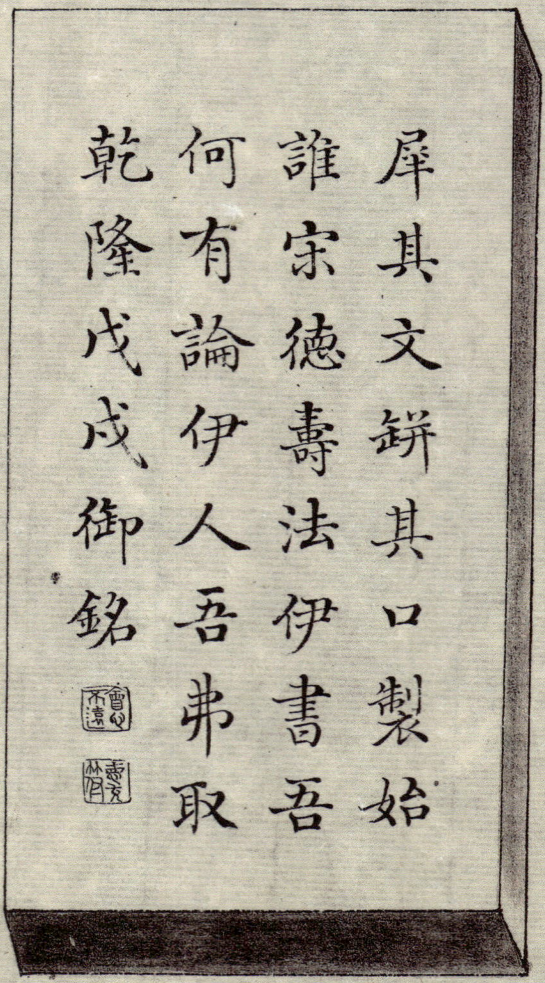
犀其文鉼其口製始
誰宋德壽法伊書吾
何有論伊人吾弗取
乾隆戊戌御銘

仿宋德壽殿犀紋硯説

硯係澄泥製形體尺度與歙石仿製硯同上方側

亦鐫仿宋德壽殿犀紋研八字楷書硯背鐫

御題銘一首楷書鈐寶二曰會心不遠曰德充符匣蓋

並鐫是銘隸書鈐寶二曰古香曰太璞

仿宋天成風字硯背面圖

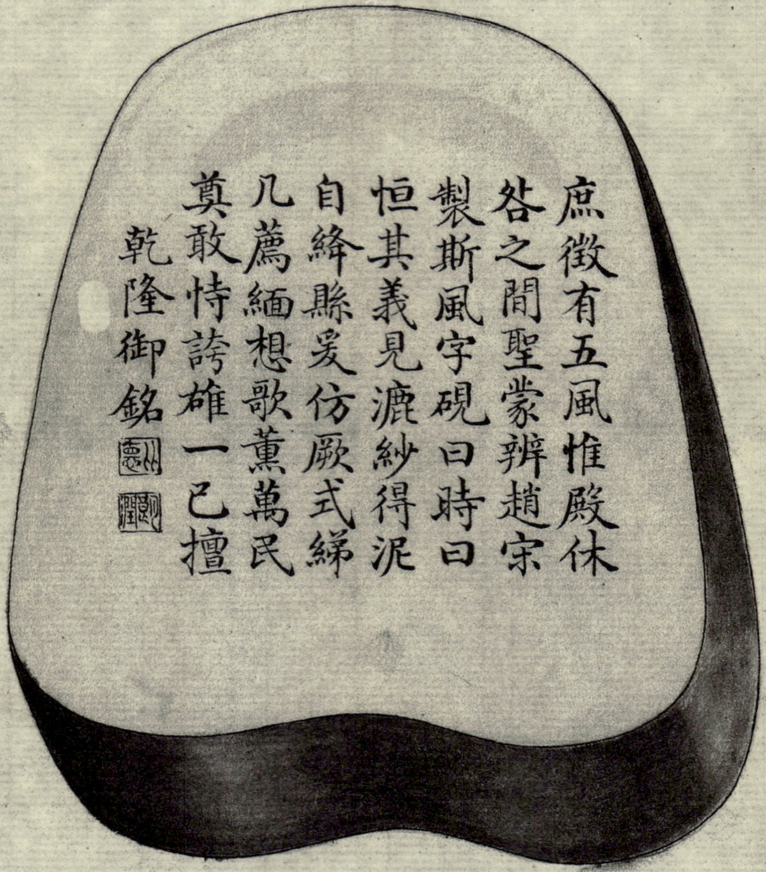
庶徵有五風惟殿休
咎之間聖蒙辨趙宋
製斯風字硯曰時曰
恒其義見漉紗得泥
自絳縣爰仿厥式綈
几薦緬想歌薰萬民
莫敢恃誇雄一己擅
乾隆御銘

仿宋天成風字硯説

硯係澄泥製形體尺度與舊坑歙石仿製硯同上方側鐫仿宋天成風字研七字楷書硯背鐫

御題銘一首楷書鈐寶二曰比德曰朗潤匣蓋並鐫是銘隸書鈐寶二曰乾隆

謹案仿古六硯

皇上既出内府舊石屢

命仿造兹復選澄泥佳質為之銘詞三錫盛緼虞薰戒

[illegible]字。二字將下行謹字明字刪去擠勻

北京圖書館藏